EN EL PAÍS DE LAS SOMBRAS

Elisabeth d'Esperance

Traducción al Español:
J.Thomas Saldias, MSc.
Trujillo, Perú, Febrero 2024

Título original en inglés:

"Shadow Land"

© Elisabeth d'Esperance, 1897

World Spiritist Institute
Houston, Texas, USA
E– mail: contact@worldspiritistinstitute.org

De la Autora

Elisabeth d'Espérance es una de las personalidades importantes del movimiento espírita europeo de la segunda mitad del siglo XIX. Poderosa médium de efectos físicos, los fenómenos obtenidos con su mediumnidad fueron demostrados en varios países de Europa, habiendo sido observados y comprobados mediante rigurosos métodos científicos por importantes científicos que investigan los fenómenos psíquicos, como Alexander Aksakof y Frederich Zöllner, entre otros.

Esta obra es una autobiografía, en la que la señora d'Espérance narra la evolución de su actividad mediúmnica a lo largo de su vida, los altibajos de su capacidad mediúmnica, las grandes dificultades encontradas en el ejercicio de la actividad mediúmnica.

Se observa a lo largo de la obra que toda la vida de este gran médium estuvo dedicada a la misión de demostrar a los encarnados la existencia del mundo espiritual y, en consecuencia, la inmortalidad del ser espiritual.

Del Traductor

Jesus Thomas Saldias, MSc., nació en Trujillo, Perú.

Desde los años 80's conoció la doctrina espírita gracias a su estadía en Brasil donde tuvo oportunidad de interactuar a través de médiums con el Dr. Napoleón Rodriguez Laureano, quien se convirtió en su mentor y guía espiritual.

Posteriormente se mudó al Estado de Texas, en los Estados Unidos y se graduó en la carrera de Zootecnia en la Universidad de Texas A&M. Obtuvo también su Maestría en Ciencias de Fauna Silvestre siguiendo sus estudios de Doctorado en la misma universidad.

Terminada su carrera académica, estableció la empresa *Global Specialized Consultants LLC* a través de la cual promovió el Uso Sostenible de Recursos Naturales a través de Latino América y luego fue partícipe de la formación del **World Spiritist Institute**, registrado en el Estado de Texas como una ONG sin fines de lucro con la finalidad de promover la divulgación de la doctrina espírita.

Actualmente se encuentra trabajando desde Peru en la traducción de libros de varios médiums y espíritus del portugués al español, habiendo traducido más de 290 títulos así como conduciendo el programa "La Hora de los Espíritus."

Índice

Prefacio 8

Introducción 10

I.- La vieja casa y sus habitantes...16

II.- Comienzan mis preocupaciones...24

III.- ¿Me volveré loca?..33

IV.- Unas vacaciones encantadoras: un barco fantasma 37

V.- Intento misterioso..47

VI.- La lectora de la buena fortuna 56

VII.- Aun los fantasmas – Ruidos en la mesa 63

VIII.- La mesa traiciona sus secretos...69

IX.- La materia atraviesa la materia. 76

X.- Primeras experiencias de clarividencia...83

XI.- Visitantes del otro mundo 90

XII.- Ciencia y retratos de los espíritus..102

XIII.- Un destello de verdad 116

XIV.- Los sabios se vuelven espiritistas 121

XV.- Conversiones y más conversiones 130

XVI.- Nuevas manifestaciones 139

XVII.- Espíritus materializados 148

XVIII.- *Yolanda* 156

XIX.- La "Ixora crocata" 162

XX.- Numerosas visitas de espíritus 170

XXI.- Una experiencia amarga 181

XXIII.- El reinicio..186

XXIII.- El lirio dorado: la última producción de Yolanda..................197

XXIV.- ¿Seré Ana o Ana seré yo?...204

XXVI.- De la oscuridad a la luz 213

XXVI.- Desentrañar el misterio 223

XXVII.- Fotografías espíritas 233

XXVIII.- Los investigadores que conocí 240

A Humnur Stafford

cuya mano guía – aunque invisible – y cuyos sabios consejos fueron mi fuerza y mi consuelo en este camino de la vida; a estos queridos amigos del Más Allá y a quienes, a mi lado en la Tierra, fueron mis fieles ayudantes, mis compañeros de trabajo y mis compañeros de viaje en el gran viaje de la sombra a la luz, dedico este libro con el corazón lleno de gratitud y afecto.

La autora

* * *

Nuestros seres queridos que desde aquí se elevaron,
por su perfección, a las más altas esferas,
traen a nuestros corazones y a los ojos que las lloraban, palabras de consuelo, libres de quimeras.

Nos dan santos consejos con una voz misteriosa
(un leve susurro de vida desde el mundo de la muerte); aunque tu cuerpo guarda la tumba silenciosa,
tu alma nos señala la vida en el norte feliz.

En nuestros oídos resuena su voz, como el canto
de una reinita feliz que murió cantando;
y cuando la Noche extiende su manto sobre nosotros,
deja una imagen en la Tierra y pasa a brillar en el cielo.

Longfellow

Prefacio

Este libro fue escrito en diferentes intervalos a lo largo de muchos años. Mi intención era confiar a alguien el manuscrito que se publicaría después de mi muerte. Pero hoy, habiendo terminado mi trabajo como médium, llegué a la conclusión que no tenía derecho a poner sobre los hombros de otros el peso de las responsabilidades de las que pretendía eximirme, y decidí que era mejor para mí defender las verdades que intenté proclamar en lugar de legar esta obra a otros.[1]

Una razón aun más importante me impulsó a hacer esto: es el número creciente de suicidios; como aun no he conocido a un solo individuo que se haya liberado de la vida, ya no digo creer, sino conocer solo las verdades que han sido parte de mi vida diaria desde mi infancia.

Hace unos meses, Stafford escribió un artículo sobre el materialismo, que fue reproducido en muchos periódicos alemanes, y unas semanas más tarde recibí una carta del Barón S..., diciendo que acababa de perder un pleito, resultando en su ruina. Al encontrarse sin recursos, había decidido, después de poner en orden sus asuntos, despedirse de este mundo, cuando accidentalmente encontró el artículo de Stafford. Lo leyó, le dio las gracias y decidió volver a probar la experiencia de la vida.

Esta circunstancia me lleva a esperar que, al dar a conocer mis experiencias, algunos de mis semejantes tengan la oportunidad

---

[1] Elisabeth d'Espérance falleció el 20 de julio de 1918.

de reflexionar y preguntarse si esta existencia terrena es realmente el fin de todo, o si, rechazando el precioso don de la vida, no cometen un error, del que un momento después tendrán que arrepentirse de la manera más terrible.

E. d'Esperance

Introducción

A la señora d'Espérance

"Querida amiga:

Tuviste la amabilidad de enviarme pruebas de tu libro y pedirme mi opinión al respecto.

Es un placer cumplir tu deseo. La tarea que emprendiste fue bastante difícil, pero, afortunadamente, lograste lo que querías. El peligro a evitar era decir demasiado o poco. Al decir demasiado, te habrías confundido en los detalles, pues necesitarías diez o más volúmenes para dar una idea completa de tu mediumnidad; Además, podría parecerse a una disculpa. Si dices muy poco, podrías quedar oscuro. Has elegido el término medio, y lo esencial es que dé una impresión completa y excelente.

Quizás para otros todavía seas oscuro; pero hablo por experiencia personal, porque, habiendo seguido en todos sus detalles tu carrera mediúmnica durante más de veinte años, puedo entenderte mejor que muchos otros.

Dotada desde tu nacimiento de este don fatal de la sensibilidad, te convertiste, contra tu voluntad, en médium. Dominada únicamente por un sentimiento de respeto a la verdad, no negaste tu ayuda a quienes deseaban avanzar en esta investigación, en la que se interesaba cada vez más. Muy pronto obtuviste fenómenos muy notables y te quedaste extasiada con el pensamiento de obtener también demostraciones tangibles de la gloriosa verdad de la inmortalidad. ¡Qué consuelo para la pobre y triste Humanidad! ¡Qué nuevo campo de trabajo se abre a la Ciencia! Un espíritu misionero te inspiró y estabas dispuesta a hacer cualquier sacrificio por la victoria de esta verdad: tu comunicación con los espíritus.

Hace mucho tiempo, cuando comencé a involucrarme con el Espiritismo, muchas veces pensé que, si fuera un médium poderoso, con gusto daría toda mi vida, todas mis fuerzas y todos mis recursos para demostrar a todos y a cada uno el hecho de la existencia del mundo de los espíritus, con el que nos es posible entrar en comunicación. Afortunadamente, aunque no soy médium, tú lo eres y te inspiras en los mismos principios que me hubieran guiado a mí, si hubiera poseído tu facultad.

En tu vida veo los resultados que yo hubiera logrado. Tu trabajo demuestra que, con las mejores intenciones y total sinceridad, los resultados obtenidos no parecen guardar proporción con los sacrificios que hiciste y las esperanzas que tenías. Por tanto, puedo confiar en que mi suerte no habría sido mejor que la tuya. ¿Por qué? Por desconocimiento de los fenómenos, sus leyes y condiciones; porque no se pueden implantar por la fuerza nuevas verdades en el espíritu; porque los grandes campeones de la causa están destinados a actuar aislados, sin encontrar ayuda y consejo en otros que; a decir verdad, son tan ignorantes como ellos. La verdad solo se puede encontrar después de perseverantes intentos.

Empezaste con desilusión cuando, impulsada por el espíritu misionero, quisiste darle a la primera persona, un desconocido al azar, una demostración de manifestaciones espirituales. Fue entonces cuando hiciste un descubrimiento que pareció destruir todos tus planes de regenerar el mundo: te diste cuenta que estas manifestaciones, obtenidas tan fácilmente en tu círculo privado, no ocurrían en presencia de extraños, dependientes como estaban del plano espiritual, según lo que se había decretado.

Tu despertar más amargo; sin embargo, fue cuando fuiste inevitablemente impulsada al camino resbaladizo de la materialización, donde todo era todavía un misterio. Te entregaste a estas experiencias con una devoción digna de ti.

Sentada en el estudio, pero sin estar en estado de trance, permaneciendo en perfecto estado de conciencia, ¿a qué podrías temer? Fue bueno que Yolanda, a quien tantas veces habías visto y tocado, apareciera fuera de la oficina. ¿Qué podría resultarle más convincente y tranquilizador? ¡Oh! ¡He aquí un incidente inesperado que te arrojó del cielo a la tierra!

Estabas convencida de permanecer en tu lugar y en posesión de todos tus sentidos y; sin embargo, tu cuerpo estaba a merced de una extraña influencia.

Fuiste víctima de los misterios de la sugestión; misterios que luego fueron casi completamente ignorados y, en el presente caso, complicados por la cuestión de saber de quién emanaba esta sugerencia.

Las apariencias estaban en tu contra. Solo podías saber que tu voluntad no tenía parte en esto y que este misterio te abrumaba. Era natural que, durante muchos años, ni siquiera se hubiera oído pronunciar la palabra Espiritismo.

Han pasado diez años. Pensé que estabas totalmente perdida en la causa. Pero el tiempo es un gran médico y algunos buenos amigos te han inducido a intentarlo de nuevo. Se organizó una serie de nuevos experimentos con el objetivo de fotografiar formas materializadas. ¡Resultados espléndidos y otro amargo despertar! Nuevamente fuiste acusada, cuando sabías que no habías hecho más que satisfacer los deseos de los demás.

Era una repetición del mismo misterio, que por ignorancia no pudiste penetrar.

Fue entonces cuando llegué a Gotemburgo para reiniciar mis experiencias fotográficas. Al no haberte sometido nunca a ninguna de las exigencias habituales de los médiums profesionales, me permitiste tratarte como si fueras capaz de engañarte, sometiéndote a todas las condiciones que consideré necesarias. Nunca pusiste la más mínima objeción. Puedo asegurarte que estás, tanto como yo, interesada en descubrir la verdad.

Después de una larga serie de experimentos y muchos contratiempos, llegamos a dos conclusiones. En primer lugar, que, a pesar de tu plena conciencia de permanecer pasiva en la oficina, tu cuerpo o un simulacro de tu cuerpo podría ser utilizado por un agente misterioso fuera de la misma oficina.

Tu propio amigo, el espíritu Walter, anunció a través de tu mano que aun podría suceder que tu cuerpo se volviera invisible dentro de la oficina. Esta fue una revelación desesperada para ti.

Se había llegado a otro punto importante: las dudas y sospechas de los asistentes podían así disculparse, ya que parecían tener más razones de las que inicialmente se podían juzgar.

Todo esto fue muy desalentador y por eso tomaste la siguiente resolución: "Si tengo alguna parte en la formación de los espíritus, quiero saberlo." Y decidiste no sentarte más dentro de la oficina.

Con estas nuevas condiciones obtuviste excelentes resultados y fue entonces cuando ocurrió un caso notable, narrado en el capítulo XXIV: "¿Será Ana, o Ana seré yo?" Temía que hubieras omitido mencionar esta experiencia, pero me alegra verla reproducida en todos sus detalles. Ahí tienes un hecho palpable del desenvolvimiento del organismo humano.[2] Este fenómeno se encuentra al principio de toda materialización y ha sido fuente de muchos errores.

¡Pero qué nueva perplejidad para ti!

Todavía recuerdo aquella vez en que, agobiada por fuertes dudas, me escribiste: "¿Toda mi vida no fue más que una ilusión? ¿He tomado el camino equivocado? ¿Me han engañado o he engañado a otros? ¿Cómo repararé el daño que causé?

Desde lo más profundo de ese mundo que estuvo tan cerca de ti desde tu más tierna infancia, y por el cual trabajaste con tanta seriedad y desinterés, finalmente surgió la luz que habías pedido con tanta pasión; recibiste respuesta a las dudas que te angustiaban. Me alegro de verte en la pelea nuevamente.

---

[2] De hecho, la narración de la médium sobre este hecho no ratifica en modo alguno la afirmación de Aksakof. (EH.)

En tus recientes experiencias fotográficas lograste desarrollar una nueva fase de tu mediumnidad, una mediumnidad que siempre supuse que tenías, pero que, en el momento de mi visita a Gotemburgo, no iba más allá del caso narrado en el capítulo XXIII. Los recientes resultados obtenidos completan tus experiencias pasadas de materialización y están de acuerdo con la hermosa visión que te explicó el misterio. No podemos ver a los espíritus, pero deseamos verlos. No podemos representar a los espíritus de otra manera que en forma humana y, en consecuencia, trabajan en esto tanto como pueden. Tales eran las formas y cabezas humanas que viste y dibujaste en la oscuridad, tales fueron luego las formas humanas invisibles que fotografiaste a la luz del día o a la luz del magnesio. Estoy dispuesto a creer que si hubieras estado en la oscuridad también habrías visto estas mismas formas. Tales fueron, finalmente, las formas materializadas visibles que fueron fotografiadas en Gotemburgo y de las que reprodujiste una fotografía bajo el nombre de Leila.

Todo esto no fue más que un ensayo para darle algo tangible a nuestros sentidos; se intentó demostrar únicamente que detrás de estas formas actúan agentes espirituales y que estas formas no deben tomarse por apariciones de espíritus, como nos dijeron desde el principio.[3]

Si continúas con este propósito y te vuelves dueña de las condiciones, no se sabe dónde te detendrás ni qué grandes resultados obtendrás.

Tales, querida amiga, fueron mis impresiones al leer tu libro; es un libro único. Son las confesiones de una médium que se retracta, niega o se defiende, pero es la historia franca y triste de los desengaños de un alma sinceramente amante y ansiosa por saber, a merced de poderes desconocidos, pero llenos de promesas.

Dejando este mundo de sombras, te digo:

---

[3] Como verá el lector, estas conclusiones de Aksakof le pertenecen a él, quien generalizó un hecho narrado por la médium, sin que la obra conste nada en este sentido. (EH.)

¡Continúa, continúa! Cumple con tu deber, pase lo que pase; y deja que esa sea tu regla.

No veré tus nuevas experiencias, pero estoy seguro que tu misión está lejos de terminar. Un día encontrarás a tus Crookes; comprenderá la delicada naturaleza de tu mediumnidad y sabrá cultivar y desarrollar tus numerosos dones psíquicos para el bien de la Ciencia y de la Humanidad.

Tu sincero,

A. Aksakof

Repiofka, Rusia, 5/17 de septiembre de 1897.

I.-
La vieja casa y sus habitantes.

Las casas en las que vivieron y murieron los hombres son todas un hogar elegido para los fantasmas. Allí llevan mensajes a los que aquí se quedaron, sin que nuestros ligeros pasos puedan escucharlos.

En la puerta los encontramos, en las escaleras los vemos, por el pasillo no dejan de girar, que a nuestro lado alguien se mueve lo percibimos, pero tan impalpable como la impresión del aire.

Longfellow

Cuando nos decidimos a contar una historia, supongo que lo mejor es empezar por el principio. Intenté tomar un momento o cierto incidente de mi existencia para que me sirviera de punto de partida; pero tuve que renunciar a esto, porque no podía recordar ningún incidente que no estuviera determinado por una causa anterior y por tanto digno de mención.

Supongo, por tanto, que me corresponde a mí desandar de memoria todo el camino recorrido. Comienza un poco antes de la Guerra de Crimea, ya que mis recuerdos más antiguos se remontan al regreso de mi padre a su familia y las celebraciones que tuvieron lugar por el establecimiento de la paz. No podía entender el motivo de esto, pero el regreso de mi padre fue motivo de gran alegría para mí.

Los hechos que voy a narrar son extraños e incomprensibles, cuando los examinamos con el sentido común de nuestra vida material cotidiana.

Intenté algunas veces ponerme en el lugar de los demás, ver con sus ojos y juzgar con su entendimiento, e, invariablemente, llegaba a la conclusión que no eran dignos de culpa por dudar de la realidad de estos hechos. En cuanto a mí, estos hechos aumentaron a medida que fui creciendo y desde pequeña me eran familiares, porque no puedo recordar un momento en el que no me fueran familiares y naturales. Por tanto, solo una cosa me pareció curiosa, y fue que con los demás no habían ocurrido los mismos hechos.

Cuando era niña, no podía entender por qué mis amigos se negaban a aceptar lo que yo decía, lo que sucedía a nuestro alrededor; esto me irritaba mucho, y mis frecuentes ataques de terquedad, ante su incredulidad, me hacían parecer una "pequeña bruja", una criatura realmente extraña.

En mi opinión, los extraños eran los demás y consideraba una gran prueba tener que soportar su asombro e incredulidad, que muchas veces entraba en conflicto con mis historias. Hablaba de estas cosas como de un incidente común en la vida diaria; sin embargo, a medida que fui creciendo, comencé a comprender que no todos tenían los mismos dones y fui lo suficientemente generosa como para excusar íntimamente a los demás, suponiendo que alguna lamentable razón les impedía ver, oír y comprender todo lo que sucedía a nuestro alrededor, todo lo que fue tan patente y real para mí.

Naturalmente, siendo una niña, asumí la responsabilidad de servirles de ojos y oídos, como se haría con un conductor para un ciego, pero encontré tanta repulsión por su parte que tuve que abandonar la tarea, lamentando mis enfermedades de aquellos que, medio ciegos y medio sordos, persistían en rechazar mis servicios.

Durante mi primera infancia vivíamos en una casa antigua y triste, ubicada en la zona este de Londres, una casa grande que debió ser, en otros tiempos, el hogar de una familia importante;

pero, con el paso de los siglos, cayó en ruinas. Dijeron que fue construida o habitada por Oliver Cromwell, sin recordar cuál; en cualquier caso, era muy diferente a las casas modernas. Grande, pesada y triste, tenía un aire de superioridad y dignidad, extrañamente fuera de lugar entre los nuevos edificios que, por todos lados, parecían surgir del suelo, como hongos.

La casa fue condenada a ser demolida, pero su destrucción siempre fue pospuesta de un año para otro; y en aquella época que vivíamos allí.

Un patio rodeaba el antiguo edificio, donde dos árboles todavía luchaban por sus vidas. El patio estaba pavimentado con piedra de mármol, formando un damero con colores blanco y negro.

Se llegaba a la casa por una serie de escalones de mármol, alguna vez muy hermosos, pero ahora manchados, desgastados y rotos. En lo alto de esta escalera estaba la pesada puerta de roble tallado, adornada con aldabas de hierro y custodiada, a ambos lados, por grandes y fabulosos grifos, que fueron el terror de mi infancia. Alguien había pintado a estos monstruos de un hermoso color verde brillante, y sus ojos y lenguas con pintura roja. Esta puerta cerrada con cerrojo daba acceso a una galería con suelo de roble, a la que se abrían muchas estancias vacías y desocupadas, y una amplia escalera conducía a la parte superior de la casa. Muchas de estas habitaciones tenían pisos de roble y eran lúgubres, las pequeñas ventanas no proporcionaban suficiente luz para iluminarlas, aunque, en la parte trasera de la casa, que daba a un antiguo jardín transformado en un simple prado, las habitaciones tenían un aspecto aireado., porque las ventanas, que antes filtraban la luz a través de cristales azules, ahora tenían cristales blancos.

Fue en estas últimas cámaras donde vivimos; el resto de la casa estaba desocupada y los dormitorios cerrados, excepto la parte baja de las cocinas, donde vivía un matrimonio de ancianos, que no recuerdo si eran celadores.

No puedo decir cómo llegamos a vivir allí; es probable que el barrio le conviniera a mi padre, y tal vez incluso que, a pesar de su antigüedad y su fama de estar poseído por demonios, este edificio fuera la mejor residencia de la zona.

Contaban las más singulares historias sobre fantasmas que circulaban por aquellas numerosas cámaras vacías, y mi imaginación infantil se excitaba extraordinariamente al pensar en lo que hacían aquellos extraños visitantes. Ignoraba por completo qué podían ser los fantasmas e imaginaba que eran los "grifos" de la puerta de roble en lo alto de las escaleras y, por eso, les tenía miedo.

En aquella época me gustaba mucho ir de una de aquellas habitaciones vacías a otra y sentarme con mis muñecas en los amplios y bajos alféizares de sus ventanas. Entonces, con una exclamación de asombro y horror, vino a arrebatarme nuestra doncella, quien consideró antinatural mi simpatía por estas cámaras poseídas por demonios, y luego me entretuvo hablándome de los fantasmas y su venganza cuando invadían sus habitaciones.

Nunca pude comprender del todo estas observaciones sobre la soledad de los aposentos, aunque sus narraciones me aterrorizaron. Para mí, estas habitaciones nunca estuvieron vacías ni solitarias; constantemente pasaban "personas" extrañas, moviéndose de un lado a otro; algunos no me prestaban atención, otros me miraban y sonreían cuando les mostraba mi muñeca. No sabía quiénes eran estas "personas", pero comencé a conocerlas de vista y las miré con apasionado interés. Llevé mis juguetes para mostrárselos, especialmente un libro ilustrado que era el que más valoraba de todo lo que tenía.

A veces me sorprendía que tantas veces me dejaran sola en aquella casona, sin más compañía que una muñeca de trapo; sin embargo, como mi madre sufría y había estado confinada en cama durante mucho tiempo, supuse que la criada tenía muchas ocupaciones. No había ningún otro niño allí para hacerme compañía; el hermano y la hermana pequeños, que nacieron después de mí, solo vivieron unas pocas semanas. Mis primeros años fueron, pues, muy solitarios y vivía como quería, siempre y cuando no me ensuciara el delantal, lo cual era un crimen imperdonable.

Cuando mi padre, capitán de barco, estuvo en casa, el mundo entero cambió para mí; su presencia me transportó a un verdadero paraíso. Él era el único ser cuyo amor me pertenecía enteramente. Él fue la única persona que me animó a contarle mis sueños y fantasías, y que nunca me regañó ni me habló en tono duro. Me sentí perfectamente feliz cuando me senté de rodillas con su brazo alrededor de mis hombros, o cuando me agachaba a su lado en la esquina de la chimenea, tomándole la mano, mientras me contaba extrañas historias de los países que había visitado. Eran historias verdaderamente extraordinarias y, como supe más tarde, a veces inventadas en el acto simplemente para satisfacer mi amor por lo extraño y lo maravilloso; para mí; sin embargo, fueron el Evangelio, porque fueron contados por él.

Además, estas historias no eran más admirables que mis sueños, aunque fueran de otro carácter. Para mí, no había nada extraordinario en las historias de sirenas que atraían a marineros fascinados a sus palacios encantados en el fondo de las aguas; no había nada extraño en la maravillosa música que solo unos pocos podían escuchar.

Todo esto lo creía posible y parecía explicar lo que intrigaba a mi pequeño cerebro. Muchas veces, siendo niña, tuve la triste idea que era diferente a los demás. Había oído a gente llamarme "rara", aunque, en mi opinión, pensaba que eran los demás y no yo a quienes debía llamarse así. Sin embargo, el sentimiento de diferenciarme de los demás me inspiró el terror de no ser comprendida por ellos y experimenté un resentimiento apasionado contra lo invisible que creaba esta diferencia.

Todas estas leyendas; sin embargo, contadas por mi padre tuvieron el efecto de reconciliarme conmigo misma. Me regocijé al sentirme tan capaz de comprender seres y sonidos misteriosos, ante los cuales los mortales comunes y corrientes eran sordos y ciegos. Lo mismo pasó con los héroes y heroínas. Podía ver caras y formas donde otros no veían más que oscuridad. Entonces yo creía todo lo que me decía mi padre sobre ninfas, sirenas, encantamientos, magia y demás; y el pensamiento de la existencia de personas familiarizadas con estas cosas fue para mí un gran consuelo, ya que me apoyaban y contradecían la "extravagancia" de aquellos que no veían ni oían las mismas cosas que yo.

Al crecer; sin embargo, necesitaba trabajar, estudiar mis lecciones, por lo que tenía menos tiempo para soñar, para pasar con mis amigos fantasmas, como me había acostumbrado a llamarlos. Tan pronto como salí del monótono salón de clases, me dirigí felizmente hacia las cámaras demonizadas. Entonces mis sueños regresaron y mi imaginación pudo ser libre, poblando aquellas habitaciones y pasillos viejos y pasados de moda. Actualmente uso las palabras "sueño" e "imaginación", porque otros las adoptan y no sé qué palabras especiales debo usar; pero no son expresiones adecuadas, porque sueño e imaginación implican algo irreal e inventado, mientras que mis "sueños" y mis "imaginaciones" eran mucho más reales que cualquier otra cosa en mi vida diaria.

Para mí, las cámaras nunca estuvieron oscuras ni vacías. A veces, al entrar en ellas, miraba a mi alrededor molesta por no encontrar alguna figura familiar, y luego me sorprendía al verlos de repente poblados por extraños. Estas "sombras" eran a veces tan reales, tan llenas de vida, que las tomaba por visitantes comunes y corrientes. Rara vez entraba en una cámara sin buscar con mis ojos algún habitante fantasma, y rara vez lo buscaba en vano. Algunos de ellos me sonrieron amablemente y amigablemente, y rápidamente me acostumbré a ellos; otros no me prestaban atención y me pasaban por las escaleras y por los pasillos, como si nunca me hubieran visto. A veces me sentía avergonzada e indignada al ver pasar desapercibida mi sonrisa de bienvenida.

Una de mis amigas fantasmas era una anciana, siempre vestida con ropa negra, hecha de una tela suave y tersa como el satén, sin que en realidad fuera satén. Volantes y finos encajes adornaban su gorro blanco, sobre un dulce rostro de anciana con el cabello gris bien alisado. Esta gorra tenía la forma de una corona alta, y detrás de las ruedas había una ancha cinta negra que se extendía por debajo de la barbilla y terminaba en un nudo. Llevaba un chal de encaje sobre los hombros y atado al pecho.

Esta mujer fantasmal parecía ocupar una cámara especial, aunque también la vi en las demás. Su habitación era larga y estrecha, oscura y de techo bajo, con la luz entrando por una pequeña ventana de marcos finos.

Cuando nuestra familia creció, esa habitación estuvo frecuentemente ocupada, por lo que la ventana pequeña fue reemplazada por un gran ventanal, de estilo francés, con puertas que llegan hasta el suelo, con un moderno invernadero que reemplaza a la antigua ventana; para mi gran alegría; sin embargo, a ambos lados del invernadero había huecos amplios y profundos, de modo que, sentada en el alféizar de la ventana con mi libro detrás de la cortina, podía aprovechar la luz de la llama sin temor a ser descubierta y perturbada.

Después de estas transformaciones, la habitación, nuevamente amueblada, se convirtió en un confortable salón y, como estaba al lado de la habitación de mi madre, pronto se convirtió en el lugar donde ella cosía para la familia.

A menudo me preguntaba cómo toleraba la anciana esta invasión, ya que, por mi parte, me molestaban estos avances en los dominios de mis amigos fantasmales. Siempre me pareció que solo ellos eran los legítimos habitantes de las cámaras desocupadas.

Aunque hablaba a menudo de estos misteriosos habitantes de nuestra casa, siempre prefería sentarme en silencio y observarlos. Sentí celos cuando se me ocurrió que debían compartir su amistad y me alegré por el hecho que yo era la única persona que tenía el privilegio de conocerlos.

II.-
Comienzan mis preocupaciones

Eran numerosas las ideas que tenía con relación a estas figuras silenciosas. A menudo me preguntaba, con inquietud, qué significaba todo esto y por qué otras personas no veían mis "sombras"; sin embargo, después de ser castigada por "inventar" lo que dije sobre ellos, me volví cautelosa y ya no hablé con nadie sobre el tema. No me gustaba que me ridiculizaran y mucho menos que me vieran como una mentirosa.

Cuando se produjo la transformación que ya he mencionado, un sirviente me contó muchas historias de apariciones y me asustó hasta el punto que ya no me atrevía a entrar sola a ninguna habitación, cuando estaba a oscuras e, incluso de día o de noche con la luz de la Luna, temblaba ante la idea que algún espíritu sufriente se hiciera visible allí.

Durante muchas noches, después de escuchar ansiosamente la narración de estas horribles historias, mantuve mi cabeza envuelta en las sábanas, con gran temor que de repente se me apareciera algún habitante de las tumbas.

Sin embargo, lo que es extraño, nunca había comparado a mis amigos fantasmas con los espíritus de los muertos. Esos nunca me inspiraron miedo. Podía encontrarme con ellos en todo momento, de día o de noche, darles una mirada amigable cuando pasaban o examinarlos con curiosidad cuando no se alejaban de mí. Ni siquiera tendría miedo de los espíritus si supiera que estos amigos estaban a mi lado. Me sentía bajo su protección y seguridad, y nunca tuve miedo de estar sola en la cama, en la oscuridad, cuando estaba en presencia de uno o varios de estos amigos. Muchas veces, en los años siguientes, me pareció extraño que este tipo de vida, de apariencia tan antinatural, no hubiera despertado mayor curiosidad y más comentarios a mi alrededor; pero, como ya he dicho, la salud de mi madre era delicada y estaba muy cuidada por la sucesiva y rápida aparición de muchos niños. Durante ese tiempo me dejaron a mis pequeñas ocupaciones y, a pesar de ser mayor, rara vez me exigían hacer algo más que estudiar mis lecciones diarias, excepto, de vez en cuando, coser algo en casa.

Además, no tenía mucho gusto por la costura, ni por ningún otro trabajo, a excepción del dibujo, ocupación a la que rara vez me dedicaba, ya que mi madre consideraba que ese tiempo era una pérdida de tiempo. Siempre tenía algún trabajo a mano, pero como no me interesaba acababan quitándomelo, reprochándome mi pereza. Soporté estos reproches con perfecto buen humor, una vez que me quedó el poder de dedicarme a mi pasatiempo favorito; es decir, mirar, soñar, a mis amigos fantasmas y fantasear con su historia.

Un día, finalmente, mi madre, harta de mi comportamiento travieso, me ordenó sentarme en su sala y coser un poco, lo que parecía interminable.

Mi madre despreciaba el uso de una máquina de coser y declaró que no quería semejante abominación en su casa. Por lo tanto, coser en nuestra casa era un trabajo interminable y un obstáculo para cualquier ocupación razonable, excepto para mi madre, que lo encontraba a la vez un alivio y un placer.

Así que me sentaba junto a ella, junto a la gran mesa de trabajo, y comenzaba a coser. La habitación tenía un aspecto muy diferente después de las modificaciones que había sufrido y me preguntaba cuál sería la opinión de la anciana fantasma sobre este asunto.

Mirando el lugar donde habitualmente la veía, me sorprendió y me encantó descubrir esta querida figura familiar en un rincón, cerca de la chimenea. Tenía algo en las manos y sus dedos se movían rápidamente; entonces vi que estaba tejiendo puntos. Hacía tanto tiempo que no veía a alguien hacer este trabajo que despertó mi interés y observé con curiosidad el brillo de sus agujas.

- ¿Qué estás mirando? – Preguntó mi madre con severidad –. ¿No puedes prestar atención a tu trabajo?

- ¡Pero, mama! Es la anciana que está remendando calcetines.

– Qué vieja – preguntó mi madre, y enseguida me di cuenta que había dicho una tontería, al verla fruncir los labios y el ceño, mientras me regañaba –. ¿Estás empezando de nuevo – prosiguió –, con esa historia? ¿Aun no has comprendido que a tu edad estos inventos son detestables? ¿No te he dicho demasiado que no quiero eso? Tú, una niña lo suficientemente grande como para animar a tus hermanos a estudiar y darles buen ejemplo, no haces más que molestarme mucho. Siempre estás dispuesta a bromear, a vivir soñando, en detrimento de cualquier otra ocupación, mirando al vacío e inventando historias para intimidar a los demás. Esperaba que, al crecer, te liberaras de este mal hábito; estoy completamente enferma de cansancio, pues ya no sé qué hacer para hacerte comprender lo abominable que es tu conducta.

Escuché todo esto con el corazón miserablemente hinchado, pero al mismo tiempo miré furtivamente en dirección a mi dama fantasmal, preguntándome si estaría triste por mi culpa.

Me sentí igualmente arrepentida y ofendida; y tuve la angustiosa sospecha que había algo anormal en mí. Me habían dicho muchas veces que lo estaba "inventando" y que debería avergonzarme de decir mentiras; por eso sentía una especie de pesar por la falta de comprensión de quienes me hacían tales observaciones. No me gustaba que sospecharan que era falso. Quería ser buena; hice lo que pude para esto y oré hasta cansarme, pidiéndole a Dios que me ayudara, para ser buena y no molestar a nadie, especialmente a mi madre. Muchas veces, de rodillas ante mi cama, había orado hasta quedarme dormida, para ser liberada de mis sueños y no tener más la tentación de hablar de ellos. Pero ¡ay! Mis esfuerzos fueron inútiles.

A veces, cuando mi padre estaba en casa o cuando había invitados allí, mis amigos fantasmas se volvían invisibles y me olvidaba de ellos por un tiempo porque tenía algo más en qué pensar.

A mi padre le gustaba tenerme con él y yo disfrutaba de su compañía. No tenía compañeros de mi edad, porque me habían prohibido relacionarme con chicas que iban al mismo colegio. Nunca tuve camaradería con los juguetes, excepto cuando mi padre estaba con nosotros; entonces, mi carácter juguetón se manifestó, me volví ruidosa y emocionada con los juguetes y bromas que hacía. Tan pronto como se fue, tan pronto como la casa volvió a su monotonía habitual, todos mis sueños resucitaron, mis amigos fantasmas regresaron a sus respectivos lugares y yo los recibí amablemente. Eran mi propiedad, algo que solo me pertenecía a mí, y secretamente estaba orgullosa de tener un mundo propio al que nadie más tenía acceso.

A veces, en mi alegría o en mi admiración, creía que debía contarle a alguien acerca de estos extraños seres que, excepto yo, nadie parecía ver. Mis confidentes habituales eran una antigua sirvienta y mi abuela, que venía de vez en cuando a pasar unas semanas con nosotros. Siempre me escucharon e hicieron sus comentarios. Parecía que simpatizaban con mis cuentos, al menos mi abuela, porque, aunque me decía una y otra vez que no debía pensar en esas cosas raras ni hablar de mis amigos fantasmas, me contaba historias maravillosas y fantásticas que terminaban asustándome por completo, no lo sabía, volviendo a la calma solo cuando mis amigos fantasmas estuvieron una vez más a mi lado. Nunca me pareció que hubiera algo sobrenatural allí. Acepté su presencia como algo natural y me entristecí cuando estaban ausentes. Sabía que ya nadie los veía, pero ya no intenté explicar eso; me había acostumbrado a la idea de la existencia de personas singulares, ignorantes de estas cosas.

Una tarde, sentada al lado de mi madre, escuché en silencio sus reprimendas y quejas, con los ojos fijos en mi trabajo, y mi pensamiento se esforzó en escudriñar la causa del alcance total de mi maldad, como sentía.

Realmente merecía muchos de los reproches que me dirigieron.

Era vaga... eso lo sabía bien. Las lecciones me cansaban y no entendía las palabras que memorizaba; no podía recordar por la mañana las lecciones que estudiaba la noche anterior; nunca pude resolver correctamente mis problemas de Aritmética y por esas ausencias me arrestaron en la escuela. Gramática, Geografía e Historia estaban tan enredadas en mi cabeza que solo podía distinguir una de las demás. Declararon que mis escritos eran imposibles de leer; y, en cuanto a la costura – el punto capital a los ojos de mi madre –, no podía coger una aguja sin lanzarme inmediatamente al país de los sueños, de donde solo regresaría para escuchar una fuerte reprimenda.

Pensé en todas estas iniquidades con un profundo suspiro y me sentí bastante culpable. ¿Por qué no era como las otras chicas? Ciertamente sabía hacer travesuras, jugar al fútbol, montar a caballo, correr, saltar, participar en los juegos organizados por mi padre y mis primos, con quienes competía en los trucos maliciosos que ellos imaginaban.

En esos momentos me sentí como una criatura totalmente diferente. Sin embargo, abandonada a mí misma, volví a caer en mis sueños de indolencia, un pecado imperdonable en una casa ocupada como la nuestra.

Sentí todo esto... y decidí convertirme en otra persona. Estudiaría seriamente y ya no estaría entre los últimos de mi clase por temas mal escritos y trabajos mal hechos; cosía, cuidaba a los niños y demostraba que era buena en algo. Ante estos sucesivos propósitos de corregirme, me sentí completamente bien, anticipando la maravilla de obediencia y actividad en la que pretendía transformarme. Me pregunté si mi vieja señora fantasma escuchó y entendió todo esto, si sabía cuánto me habían regañado.

Le pregunté si alguna vez había sido una niña de catorce años y si, cuando le pidieron que hiciera largos trabajos de costura, la habían reprendido por haber realizado mal la tarea. Quizás su trabajo siempre había sido solo tejer puntos. Miré a su lado. Allí estaba ella tejiendo; vi sus dedos moverse rápidamente y sus agujas brillar durante este ligero movimiento de los dedos. Me asombró su habilidad, porque sus ojos estaban fijos en mí y no en su trabajo. Mi madre no sabía tejer, le oí decir. Pensé que estaría agradecida de aprender esto, parecía muy ingenioso y divertido. Iba a pedirle a mi abuela que me enseñara, porque sabía que ella conocía este trabajo, aunque no lo hacía con tanta perfección y rapidez como la querida dama fantasma. Me pregunté si ella no podría enseñarme; ella; sin embargo, nunca pareció empezar el trabajo y era este comienzo lo que yo necesitaba saber. Quizás si mi abuela me mostrara los puntos de las agujas sabría salir de mi vergüenza observando los dedos de la dama fantasma y haciendo lo mismo que ella. ¡Oh! ¡Ojalá trabajara más despacio...! Los dedos de mi abuela no podían ser tan ágiles, aunque trabajaran rápido. Creí que no podía seguir el recuento de la formación de pequeñas mallas, y solo podía seguirla. Así, pensé, podría remendar todos los calcetines de la familia y mi madre ya no me llamaría vaga.

Una voz severa vino entonces a perturbar mis cálculos, diciendo:

– ¿Por qué no coses? Es inútil hablar contigo; ¿Eres capaz de agotar el

paciencia de un santo. No escuchas lo que digo y hago. Siempre haces lo mejor que puedes para molestarme y penalizarme. ¿Qué estás viendo? ¿Qué hay en ese rincón?

El tono lastimero de mi madre me recordó mis defectos.

- Es la señora mayor - dije - la que está cosiendo calcetines, y yo...

– ¡Silencio, mala hija! Nunca me hables de esas cosas. Todo lo que tengo que hacer es escuchar lo que otros dicen sobre tus inventos. Trabaja.

En mi miedo, había dejado caer mi costura cuando mi madre me despertó de mi sueño.

– Si levantas la vista antes de terminar tu trabajo y vuelves a mirar en esa dirección, te daré una bofetada a ver si puedo refrescarte la memoria.

Entonces ella se enojó mucho; y luego, temblando y en silencio retomando mi trabajo, comencé a coser de nuevo.

¡Oh madre Eva! Todavía me pregunto: si hubieras sabido qué legado dejarías a tus hijas, ¿ese conocimiento no te habría detenido la mano a la hora de arrancar el fruto prohibido? ¡Cuán indomable es el deseo que hemos heredado de hacer precisamente lo que nos está prohibido! No tenía necesidad de levantar la vista de mi trabajo; tenía muchas ganas de obedecer; pero la tentación de ver si el trabajo de la anciana avanzaba y si entendía lo que pasaba entre mi madre y yo era muy fuerte... igual a mi desobediencia.

Sabía que el castigo era merecido, pero eso no cambió las cosas en absoluto, y lloré y sollocé amargamente, sin poder contenerme, cuando vi entrar al médico que mi madre esperaba ese día.

Escapé y fui a sentarme en las escaleras, donde, cubriéndome la cara con las manos, lloré de dolor y vergüenza.

Al rato abrieron la puerta y me llamaron. Secándome las lágrimas, entré a la habitación. Mi madre, siempre sentada en su silla baja, parecía perturbada y enojada, y el médico caminaba. Cuando entré, se sentó: tomando mi mano, la acarició amistosamente y me dijo amablemente:

– Me duele verte llorar, pero sabes que tu madre está sufriendo y deberías intentar complacerla en lugar de apenarla. Entonces cuéntame toda esta historia; es decir, las cosas que tú ves y los demás no ven, las viejas que cosen calcetines, etc. ¿Qué significa todo esto? Habla.

Me miró con amabilidad y simpatía, acariciando mis manos, secando las lágrimas que corrían por mis mejillas y animándome a hablar.

Eso me animó; le conté cómo llamaban mis sueños y mis fantasías, cosas que para mí eran realidades. Le hablé de mis amigos fantasmas, nuestros invitados diarios; de la anciana que trabajaba con tanta destreza y me miraba con tanta dulzura; del caballero bien vestido, de pelo largo y rizado, sombrero de pluma, espuelas y espada al costado; le hablé del hombre que llevaba un collar ancho que se elevaba alrededor de su cuello, dando la apariencia de tener la cabeza puesta en un plato; de las damas con vestidos de seda, el pelo empolvado, con sus encajes, volantes y modales curiosos. Le conté todo... mi disgusto por no ser escuchada... y lo terrible que era para mí ser sospechosa de mentir.

– Pero esa es la verdad – agregué –; cada palabra es una realidad. Están ahí, los veo y no miento.

– Sí – dijo el médico –; creo en ti y no creo que mientas.

¡Oh! ¡Cómo saltó mi corazón cuando escuché estas palabras y acudí a este hombre, que pensé que era sincero!

– Sí, creo que ves cosas que otros no ven; conocí personas que se parecían a ti, que veían hombres, mujeres y animales que en realidad no existían. Pero esta gente estaba loca. Se empeñaban en ver sombras que se movían a su alrededor, ancianos o ancianas que los miraban desde los rincones. Habían empezado viendo una cosa, luego otra y, finalmente, se volvieron peligrosos, siendo necesario llevarlos a asilos para dementes para curarse.

Me pareció que esas palabras me helaron la sangre en las venas. No pude evitar sumergirme en un silencio lleno de horror. ¿Qué significaba todo esto? ¿Podría ser éste el secreto del maravilloso mundo en el que había pasado tan felices horas? ¿No estarían realmente allí mis amigos fantasmas? ¿Tenían razón los que me decían que mis fantasmas no existían y que estaba equivocada?

Los vi; no me equivoqué en eso; sin embargo, si realmente no existían, y si veía algo sin existencia real, por supuesto que eso no era normal.

Anteriormente nunca había pensado en eso; pero ahora, ¡qué pensamiento tan horrible! ¡Me volvería loca!

Día y noche sufrí este tormento. ¡Alocarme! ¿Qué significaba estar loca? Pensé en todas las cosas horribles que me habían contado, en los crímenes cometidos por maníacos, en los horrores de los manicomios, en las cámaras acolchadas, en las planchas, en las camisas de fuerza... y temblé de miedo, y le pedí a Dios, casi frenéticamente, para protegerme de la locura.

III.- ¿Me volveré loca?

Mi alma tiene su secreto, su misterio es mi vida. Mi dolor no tiene remedio; por eso lo tengo escondido.

Arvers

Cuanto más reflexionaba, más me convencía que el médico tenía razón; y el horror y el miedo casi me privaron de mis sentidos.

Aunque ya tenía catorce años, en cierto modo era una niña. Educada como había sido, casi aislada de las otras niñas fuera de mi círculo familiar y rara vez admitida en la sociedad de sus miembros mayores, había crecido ignorando por completo muchas cosas que los niños de la misma edad discuten entre ellos; y en este alboroto no tenía nadie que me ayudara y aconsejase.

Mi padre estaba lejos y mi abuela, que era muy buena, vivía en su propia casa o visitaba a sus otros hijos.

Quedaba la solterona, pero a veces sentía repugnancia de confiar en ella, porque, si realmente estaba loca, era necesario ocultarlo lo más posible, y no quería que nadie supiera las ilusiones de las que fui víctima. Me pregunté si existían medicamentos para curar la locura y si el médico podría ayudarme de alguna manera. Quizás había algo único en mis ojos, porque recordaba, con miedo, que cada vez que, voluntaria o involuntariamente, había intentado tocar a mis amigos fantasmales, cuando pasaban, mi mano no sentía ninguna impresión, ningún contacto, y había incluso notado que retrocedían para no ser tocados. Por eso las llamé sombras; pero, hasta entonces, pensé poco en ello. Ahora me preguntaba si mis ojos me engañaban; y ese pensamiento me resultó más agradecido que el pensamiento de volverme loca; pero éste me obsesionó día y noche. Recordé haber oído a una criada decir que una de las prácticas en los hospitales locos era hacer cosquillas en los pies de los pacientes; dijo que lo leyó en un libro llamado *Valentine Vox*. No podía soportar que me hicieran cosquillas en los pies; pero quizás no me reiría tanto si el uso de este medio se hubiera prolongado. Me pregunté si la vida de los locos era larga. Temía esto, recordando a un anciano que a veces se detenía en nuestro barrio, mendigando y vendiendo perchas, y que una vez, deteniéndose frente a la criada, la asustaba con sus maldiciones y terribles lisuras. Ella lo había llamado loco. Me gustaría saber si algún día me parecería a él, si aprendería a decir malas palabras y, como él, a tener la cara sucia y el pelo mal peinado. Sería mejor estar encerrado en un hospital para locos.

Todos los horrores que había oído acerca de estos establecimientos me vinieron a la mente antes de quedarme dormida, la noche siguiente a mi conversación con el médico, y resolví ocultar mi estado a todos el mayor tiempo posible. Si estuviera loca, al menos nadie lo sabría, y tal vez la enfermedad sería curable, ya que no siempre estuve afectada.

De vez en cuando los fantasmas desaparecían durante meses y solo regresaban cuando me encontraba solo o no me encontraba bien para trabajar o estudiar; luego los saludaba con alegría.

Desde ese día todo cambió; mi satisfacción al ver a los fantasmas pasar rápidamente frente a mí y pasarse en las escaleras dio paso a una humillante sensación de miedo y desolación. Ya no tenía motivos para alegrarme al ver aquellas formas familiares; pues esto era entonces solo la prueba que mi enfermedad no me había abandonado.

Entonces se me ocurrió otra idea. Fue Satanás quien obligó a mis ojos a ver cosas que no estaban allí.

Esto arrojó nueva luz sobre la cuestión; me sentí casi feliz, porque todo era preferible a la locura. Si el enemigo era Satanás, solo Dios podía ayudarme y sabía que él no me lo negaría.

La aparición incluso de una "sombra", real o imaginaria, me hizo caer de rodillas, orando, en mi habitación. Muchas veces en la mañana, así como durante el día o la noche, me caía de rodillas para suplicar mi liberación de las maquinaciones del diablo.

Me volví reservada, tímida, nerviosa... Tenía miedo de pasar de una habitación a otra; miedo a estar sola en cualquier momento del día o de la noche; observando cada una de mis palabras, con miedo de revelar mi locura; no me atrevía a girar la mirada en ninguna dirección, por miedo a que supusieran que estaba tratando de ver fantasmas.

Me volví ávida de ocupaciones, temerosa de encontrarme sin nada que hacer; porque me informaron que Satanás inspiraba el mal en los ociosos.

La Biblia siguió siendo mi compañera constante; durante el día la llevaba en el bolsillo; Por la noche cerré mi corazón. Me imaginé bien armado contra el poder del diablo.

No recuerdo en absoluto cuánto duró este estado de cosas; Sin embargo, me parece que envejecí muchos años en los meses que transcurrieron hasta que mi padre regresó a casa.

Quedó un tanto impresionado por mi palidez y delgadez y asombrado por mi manera extraña y nerviosa.

– Ella crece – dijo mi madre –; todas las niñas se vuelven pálidas y delgadas cuando crecen rápidamente.

– Preferiría que no creciera y estuviera menos pálida y frágil – dijo mi padre –. Debería caminar más, en lugar de quedarse aquí, atrapada con sus estúpidos libros y su costura. Hay que ver si un cambio de aire puede devolver algo de color a estos rostros pálidos.

Después de muchos proyectos propuestos, discutidos y rechazados, finalmente decidieron que, a falta de algo mejor, acompañaría a mi padre en un viaje al Mediterráneo, que debería durar dos o tres meses.

IV.-
Unas vacaciones encantadoras: un barco fantasma

Hay un barco fantasma, nos cuenta,
De entre los muertos un barco que cruza el mar.
Lo llaman Carmilhan; tiene su equipaje,
como él, espectral; y en el mástil, s
in un trapo de vela que lo ayude,
Sin alguien al timón que guíe su marcha,
Se muestra continuando su camino,
Contra o con el viento y sin detenerse.

Longfellow

Estas vacaciones fueron, sin excepción, el período más feliz de mi vida. Entonces todo era nuevo, fresco y delicioso. Incluso el gran barco fue para mí una fuente inagotable de interés. El amor que mi padre dedicaba a los animales, contradicho en casa, tuvo allí su curso libre. Pollos, patos, lechones y un par de cabras ocupaban sus respectivos compartimentos. Habían traído las cabras para que me dieran la leche que odiaba; sin embargo, me divertían mucho, sobre todo cuando los ordeñaban, porque parecían encontrar gran placer en evitar los intentos del muchacho encargado de esa tarea. Las trampillas del salón estaban llenas de plantas escogidas, con jaulas con pájaros cantores suspendidos entre sus ramas. El miembro más notable de este jardín de animales era un mono negro, cuyas travesuras provocaban, al mismo tiempo, el tormento y el deleite de todos los habitantes del barco. Él adoraba a mi padre, pero conmigo, sin que yo supiera por qué, nunca fue amable. Mi padre decía que este animal estaba celoso, y muchas veces notábamos que, cuando mi padre me acariciaba, el mono se retiraba a su cama, donde se sentaba con un aire triste y melancólico. No dejaría ese lugar mientras estuviera con mi padre.

Por último, también estaba un enorme perro Terranova, llamado Jack, que era un viejo conocido mío y que, desde que subí a bordo, parecía haberse convertido en mi protector y compañero inseparable. Muy rápidamente conocí a todos a bordo, oficiales y marineros, y, teniendo tantos amigos, compañeros y compañeros de recreo, teniendo tantos escenarios nuevos que observar, con este cambio constante de mar y cielo, las alegres vacaciones se convirtieron - para mí -, como más tarde los llamé un verdadero paraíso.

Uno de mis amigos particulares a bordo era el oficial N..., quien, a pesar de ser ya teniente primero, era el más joven de todos. Es cierto que, según mis ideas infantiles sobre la edad, cualquiera que tuviera más de veinte años ya era muy mayor. Este teniente fue quien dirigió mis lecciones diarias. Mi padre, para cumplir con los deseos de mi madre, había asumido religiosamente esta tarea, en la que insistió mucho.

El punto débil de mi padre; sin embargo, era su complacencia, su mayor virtud en mi opinión, y unos mimos o un beso daban motivo para dedicar una hora de estudio. A medida que mi salud se fortaleció, mi indisciplina aumentó. Me era imposible trabajar cuando brillaba el Sol, cuando los pájaros cantaban y se podía oír al mono y al perro haciendo cabriolas sobre nuestras cabezas. Cuando cerré los libros, mi padre meneó la cabeza y dijo: "Ve allí una vez más, pero que se la última." El teniente N... se hizo cargo entonces de mi educación y, colocado entre mis dos preceptores, dispuse las cosas para hacer lo que quisiera. Lo único que recuerdo haber aprendido allí fue cómo desviar la aguja de la brújula, lo que hacía a menudo para gran alegría de mis nuevos amigos, quienes admiraban mi habilidad para enloquecer la aguja del imán, obligándola a recorrer todo el cuadrante desde el norte al sur y de sur a norte.

También es cierto que aprendí mucho sobre los lugares que visitamos. La historia de las ciudades de Italia, las costumbres, usos, usos de su gente, los descubrimientos y excavaciones de Pompeya me fueron contados de tal manera que quedaron grabados en mi mente mucho mejor que si me los hubieran hecho leer.

Fue una educación perfectamente divertida. Los sueños y las fantasías me abandonaron. Mis amigos fantasmas fueron olvidados. El sonambulismo al que estaba sometida se curó y me volví como las demás niñas de mi edad, sana, feliz, pensando solo en chistes divertidos e ingeniosos, odiando el encierro en la cámara y todas las limitaciones, y pensando solo en pequeñas aventuras, especialmente cuando había algún peligro en ellos. En todo conté con el apoyo del teniente N..., quien constantemente diseñaba nuevos entretenimientos durante las travesías, u organizaba excursiones cuando estábamos en puerto.

Mi padre muchas veces me permitía hacer lo que quisiera, aunque en ciertas ocasiones dudaba ante mis propuestas, preguntándose qué diría mi madre si lo supiera. Sin embargo, estaba muy contento con la evolución de mi salud, con mi alegría natural, y muchas veces observó que nadie me reconocería cuando regresara a casa. Normalmente me acompañaba en mis visitas a las tiendas y me proporcionaba el dinero necesario para mis numerosas compras. Por eso me consideraba millonaria cuando nos llamaron a Inglaterra y comencé a hacer balance de mis bienes acumulados durante estos tres meses de viaje por las encantadoras ciudades de la costa italiana.

Mis posesiones consistían en guantes, pantuflas, colonia, coral, conchas, adornos de mármol, mosaicos de papel, estuches para agujas y frascos de perfume hechos de lava. Encontré un inmenso placer pensando en cómo disponer de estos tesoros en favor de mis amigos, y mis pensamientos se detuvieron en esto durante más de un día. Fue entonces cuando ocurrió uno de los incidentes más extraños e incomprensibles, que ensombreció estas felices vacaciones, haciéndome recordar mi vida pasada y los desamores que ya había olvidado.

Había hecho un calor intenso durante todo el día, pero el balanceo provocado por el rápido avance del barco nos parecía extremadamente fresco. El Sol quedó enterrado en un baño de llamas. El cielo era maravilloso en su diversidad de colores, carmesí, dorado y amarillo. El mar aparecía plácido y tranquilo, sin mostrar una arruga, excepto en el surco de nuestro barco, donde la espuma blanca y orlada reflejaba la belleza de los colores de arriba, creando así uno de los paisajes terrestres más deliciosos que puedan imaginarse.

El teniente N... estaba en cubierta y, como de costumbre, yo estaba a su lado, comentando vivamente los acontecimientos de los últimos días, las escenas que habíamos presenciado, los méritos y defectos de las compras que habíamos hecho en nuestra última excursión a tierra. Mi lengua, como decía mi padre, seguía diciendo diecinueve por doce. Durante nuestra conversación, habíamos divisado muchos barcos a lo lejos y, habiendo discutido y agotado el tema de nuestras compras, fijé mi atención en los barcos, deseosa de demostrar mi habilidad para distinguir, unos de otros, los tipos de barcos, clasificándolos ellos como marineros. El teniente N... y yo no estábamos de acuerdo sobre un barco que apareció en el horizonte. ¿Sería un galeón o un bergantín? Cada uno de nosotros apoyó nuestra idea.

– Toma mi catalejo y verás que tengo razón – dijo, entregándome su catalejo.

Estaba intercambiando el mío con el suyo, cuando de repente me quedé petrificada al ver un gran barco cerca de la proa del nuestro. Durante la conversación solo habíamos observado el lado de donde venía nuestro barco y, muy interesados en nuestra discusión, no habíamos prestado atención a lo que sucedía frente a nosotros.

- ¡Mira, mira! – Grité asustada.

- ¿Qué? – Preguntó mi compañero.

- ¡El buque! ¿Por qué no para? Chocaremos con él. ¡Para para! ¿Por qué no lo hace? – Tartamudeé aterrorizada.

El barco estaba tan cerca que se podía distinguir a los hombres en su cubierta, y nos acercamos a él con asombrosa rapidez.

– ¿Qué tienes, hija mía? ¿Qué barco es este? ¿Qué quieres decir? ¿Por qué deberíamos parar?

Lo agarré del brazo, obligándolo a darse la vuelta, porque me estaba mirando, en su sorpresa, en lugar de mirar al barco contra el cual avanzábamos rápidamente.

– ¿Lo ves ahora? ¿Estás ciego? – Balbuceé y, aterrorizado, lo sacudí, repitiendo – ¡El barco, el barco! ¡Para, para!

No prestó atención a mis palabras, pero liberándose de mi presión frenética, me hizo sentar en una silla que me habían colocado en un lugar resguardado. Sin embargo, mi única idea era que nos íbamos a perder y que debía ir con mi padre, así que escapé y corrí por cubierta. Él; sin embargo, me alcanzó y me detuvo, insistiendo en que me calmara.

– ¿Cómo puedo estar tranquila cuando nos vamos a ahogar? ¡Déjame ir! ¡Papá! ¡Papá! – Y gemí, luchando de nuevo.

Luego me incliné, escondiendo mi rostro bajo su brazo, porque el extraño barco ahora cruzaba justo frente a nuestra proa, mostrando sus velas blancas enrojecidas por la luz del Sol poniente. Un hombre estaba en cubierta, con los brazos cruzados, apoyado en un costado y esperando que nuestro barco chocara. Lo vi de un vistazo, antes de ocultar mi rostro. Todo pareció volverse negro y mi corazón dejó de latir mientras esperaba el inevitable shock. ¡Oh! ¡Qué agonía en esos momentos! Ningún tiempo borrará de mi memoria los pensamientos que asaltaron mi cerebro mientras esperaba que los dos barcos se encontraran. Me pareció que este momento duró toda la vida.

- ¿Qué pasa? Vamos a ver. ¿Por qué estás tan asustada? – Preguntó el teniente N..., pasando su otro brazo sobre mis hombros.

Yo; sin embargo, no pude responder y solo gemí y temblé. La conmoción persistió y me arriesgué a mirar hacia arriba. ¡El barco se había ido! El alivio fue tan grande que un sollozo me sacudió por completo y las lágrimas bañaron mi rostro.

- ¿Dónde está? ¿Qué camino siguió? – Tartamudeé, cuando pude hablar.

– No sé a qué te refieres – respondió el teniente –. No había ningún barco cerca de nosotros. Si lo hubiera, ¿crees que no lo vería?

Me levanté y eché una mirada inquieta a mi alrededor. Detrás de nosotros, en el surco trazado por el nuestro, vi el barco con las velas desplegadas. Distinguí todos los cabos de los aparejos y noté que las velas, esta vez colocadas entre nosotros y el Sol poniente, ya no aparecían rojas como en la primera posición, sino de color gris. Vi a los hombres moviéndose sobre la cubierta y el pabellón flotando en lo alto del mástil. Parecía estar a no más de 50 pies de nosotros, pero esa distancia aumentaba rápidamente. Para mí estaba claro que, sin saber cómo, los barcos se habían cruzado entre sí y luego seguían direcciones diferentes.

– ¿No puedes verlo ahora? – Pregunté señalando la embarcación que se alejaba.

– No veo nada – respondió lacónicamente el teniente.

La sequedad del tono con que se expresaba y la reacción de la intensa emoción que había experimentado fueron muy fuertes para mí; y rompí a llorar, sollozando y sin querer escuchar las palabras tranquilizadoras de mi amigo. Estaba terriblemente fatigada y temblorosa. Mis lágrimas brotaron, a pesar de mis esfuerzos por contenerlas, y solo cesaron cuando el teniente me indujo a retirarme a mi camarote a descansar, añadiendo:

– No despiertes a tu padre y no le digas nada de lo que te asustó y de lo que viste.

Asentí y me dirigí lentamente a mi camarote, lamentando que me hubiera recomendado no despertar a mi padre y no decirle nada, ya que eso me habría calmado y consolado.

Me detuve frente a su puerta, esperando que algún ruido me demostrara que estaba despierto, pero lo único que pude escuchar fue su respiración profunda. Me retiré a mi pequeño camarote y me tiré en la cama, llorando y mareada por el sueño. A la mañana siguiente, cuando desperté, mis pensamientos volaron hacia el misterioso barco y el extraño comportamiento del Teniente N... Mi primer impulso fue ir donde mi padre y contarle todo, así que corrí a mi baño, para reunirme con él antes del almuerzo. Mientras me peinaba pensaba en la singular recomendación del teniente N... De repente, se me ocurrió una idea: sin duda mi padre de todos modos lo culparía por haberse acercado tanto al otro barco. Aunque no había pasado nada malo, sabía que cuando un barco de vapor se acerca tanto a un velero, se está infringiendo las normas de navegación náutica.

Había oído que un barco de vapor siempre debía ceder el paso a los veleros o, en lenguaje marítimo, dejar el campo abierto en medio del mar, y sabía que al permitir que nuestro barco se acercara tanto al otro, el teniente N... había cometido un delito contra la ley, lo que disgustaría mucho a mi padre.

Recordé también que me habían advertido muchas veces que no estaba permitido hablar con un oficial de guardia cuando dirigía la navegación, y no podía escapar de mi responsabilidad por haberlo hecho precisamente en ese momento. Esto es, pues, lo que mi padre no debería haber sabido; y comencé a comprender que algo grave y desagradable podía pasarle al teniente N..., si mi padre llegaba a enterarse del peligro del que habíamos escapado. Mentalmente, decidí no causarle tanta angustia a mi amigo. Con eso, tenía un peso incómodo sobre sus hombros, pero estaba satisfecha, cargándolo por su salvación. Durante todo ese día, mientras nos reuníamos, caminábamos y hablábamos, no se mencionó lo que había sucedido la tarde anterior.

Al día siguiente, durante la cena, mi padre me preguntó por qué había llorado la otra tarde imaginando que estaba viendo un barco. Esta manera de hablar me hizo sonrojar de indignación, e incluso hasta la punta de mis dedos. No supe qué decir cuando la carcajada del teniente N... y las sonrisas de los demás invitados me hicieron comprender que el hecho ya no era un secreto. Esto fue demasiado fuerte para mí y para mi resolución, y por lo tanto tuve que hacer toda mi narración rápidamente.

Hablé rápida y ardientemente, habiendo recordado toda la escena.

– Empieza de nuevo con más calma – dijo mi padre, cuando me detuve con un sollozo.

Repetí la historia.

– ¿Por qué no me dijiste esto cuando bajaste?

– El teniente N… me recomendó que no te despertara. Ayer quise contarte todo y lo iba a hacer, cuando se me ocurrió que podrías enfadarte con él por acercarse tanto al barco, y creí que por eso me dijo que te lo recomendaría que no te dijera nada. Por eso no lo hice, y me arrepiento de tener que decírtelo ahora, porque se burla de mí – concluí con aire de resentimiento.

Después de cenar, mi padre se levantó y fue a hablar con los oficiales que estaban en cubierta. No supe nada más al respecto hasta la tarde de ese día. Mi padre vino a verme y me dijo con voz oprimida que ya no me permitiría hacer esas bromas y repetir esas historias. Había hecho, según decía, una minuciosa investigación entre los vigías de a bordo, sobre el barco que yo decía haber visto, y todos sostenían que no habíamos encontrado ningún barco después de salir del puerto, y que solo vieron que estaba llorando amargamente. Así, todo quedó envuelto en un velo de misterio, y me di cuenta plenamente que no podía esperar que nadie creyera mi palabra, ante tanta evidencia contraria.

El viejo peso de ansiedad y terror que había abandonado mi corazón durante aquellas largas vacaciones pareció caer nuevamente sobre mí.

Filosofé sobre la posibilidad que existieran barcos fantasmas, del mismo modo que existía un mundo fantasma. Luego volvieron los viejos disturbios y entristecieron y apesadumbraron mi corazón, aunque los variados pequeños incidentes de la vida a bordo me impidieron dar a este mal tanta importancia como antes.

A pesar de todo, mis vacaciones no terminaron bien.

Algo se había levantado entre mi padre y yo: una nube, ligera en realidad, pero que levantaba un obstáculo invencible en medio de nuestra encantadora intimidad. Me creía capaz de mentir, y esta sospecha me indignaba y me hacía infeliz. No podía desterrar de mi mente la idea que el teniente N... deseaba ocultar su ausencia del barco insistiendo en declarar que no lo había visto. Me indignó igualmente que él mismo hubiera ido a contar la historia, después que me lo había prohibido. Tiempo después le pedí que me dijera el motivo de la prohibición que me había dado, y me respondió:

– Porque estabas en tal estado de emoción y agitación que pensé que cualquier reprimenda que te hiciera tu padre por haber tenido fantasías tan extrañas te haría daño. Aquí está todo.

Sin embargo, mis vacaciones habían perdido su encanto y comencé a añorar que nuestro viaje terminara.

V.-
Intento misterioso

"En ese mismo momento, unos dedos de la mano de un hombre parecían estar escribiendo, frente a la lámpara, sobre el estuco de la pared del palacio real, y el rey vio estos dedos escribiendo."

Daniel, 5:5

Durante el año o dos que pasé en la escuela, de alguna manera me liberé de mis sueños y fantasmas. Mi educación había sido descuidada y, para recuperar el tiempo perdido, me vi obligada a estudiar mucho. Me habían colocado en una clase de estudiantes mucho más jóvenes que yo, e incluso allí me encontré, más que mis compañeros, ignorante de los primeros elementos de la instrucción; sin embargo, en menos de un año había estudiado tanto que me permitieron competir en lectura en muchas materias con los estudiantes de las clases superiores.

Mi salud era buena; mi estudio fue una alegría y lo seguí con ardor. Divertida y traviesa entre las chicas de mi edad, me convertí en el elemento indispensable de toda su diversión.

Este espíritu de malicia tiene sus desventajas, ya que, al cabo de un tiempo, fui considerada el promotor de todos los incidentes que se descubrieron; a pesar de esto, disfrutaba estudiando y amaba a mis profesores.

Muchos de las antiguas alumnas terminaron sus estudios al mismo tiempo que yo. En este punto había que realizar un examen real, y tanto profesores como alumnos parecían ansiosos por cosechar sus glorias.

En las últimas semanas de mayo, dejamos de lado nuestros entretenimientos y nuestro ruidoso salón se transformó en una tranquila sala de estudio. Cuando terminó el trabajo del día, estábamos ocupados haciendo ciertos preparativos destinados a producir un gran efecto en los espectadores de estos exámenes.

Mi trabajo estaba prácticamente terminado, con la excepción de un tema que tenía que describir.

Mis intentos en esta dirección siempre habían resultado en verdaderos fracasos; hasta entonces, las composiciones que firmaba se debían más a un compañero de clase que a mis desafortunados esfuerzos. Era bien sabido que los temas de Lídia Oliva y los míos debían intercambiarse. Esta vez; sin embargo, se nos declaró severamente que las composiciones debían ser absoluta y enteramente originales y que a ninguno de nosotros se le permitía ayudar o recibir ayuda de nadie en la realización de esta obra.

Si no recuerdo mal, el tema elegido para mí fue "Naturaleza" o "Qué es la Naturaleza." Se acercaba el final del plazo señalado y yo estaba cada vez más desesperada, debido a mi incapacidad para escribir al menos doce líneas sobre el tema. A menudo empezaba así: "La naturaleza es nuestra madre común", o "La naturaleza comprende todo lo que es el Universo." Sin embargo, cuando llegaba a este punto, me detuve, incapaz de encontrar otra frase que no me pareciera imperfecta, tonta o incluso absurda. Fui arruinando mi papel, hoja por hoja, y no creé un comienzo de la composición, excepto para verla terminar de la misma manera. Todas las tardes, mientras preparaba mis materiales de escritura, me preguntaba qué pasaría si no obtenía mejores resultados al día siguiente. Todas las noches me acostaba con la decisión de no dormir, sino reflexionar y tomar nota de mis reflexiones en las primeras horas de la mañana; sin embargo, después de recostar mi cabeza sobre la almohada, mis propósitos fueron inútiles y no pude completar mi tarea.

Los días parecieron pasar volando. Los estudiantes estaban ocupados copiando cuidadosamente las notas tomadas a lápiz. Pensé con envidia en los avances de sus composiciones, en los florecimientos de su lenguaje y en la sonrisa de satisfacción con la que contemplaban su obra. Sin embargo, todo esto fue inútil: cuanto más me apenaba, más estúpida me volvería. No pude hacer más que llorar mi angustia en secreto.

Muchas veces me encerraba en mi habitación y pedía de rodillas que me vinieran ideas; la oración; sin embargo, no dio resultado y mi cabeza estaba más vacía que nunca.

"La naturaleza es nuestra madre común..." Estas palabras comenzaron a resonar en mis oídos y a bailar ante mis ojos. Parecían correr uno tras otro en mi cabeza vacía, lanzando cabras ciegas, saltando o reuniéndose hasta que me reí a carcajadas de mis pensamientos.

Solo faltaban tres o cuatro días para que llegara el gran momento. Todos nuestros dibujos, papeles y bordados habían sido reunidos y las composiciones de los demás ya estaban entregadas. Cuando me pidieron el mío, respondí vacilante que aun no estaba listo.

Me dijeron que quedaba muy poco tiempo y que lo preparara sin demora.

Esa noche me equipé con una vela, papel y lápiz y, después de retirarnos, me senté en mi cama, decidida a hacer algo. Pero tan pronto como escribí esas terribles palabras de nuevo, las voces quejosas de mis compañeros de cuarto me ordenaron apagar la vela, amenazando con hacerlo ellos mismos si no les hacía caso. No había otra opción que obedecer. Volví mi rostro hacia la pared y lloré hasta quedarme dormida, decidiendo mientras tanto despertarme al amanecer para escribir algo.

A la mañana siguiente; sin embargo, solo me despertó el impacto de una esponja mojada que una de mis compañeras me había arrojado y fui tristemente consciente de mi incapacidad para llevar a cabo mis propósitos.

Mi primera mirada fue hacia las hojas de papel y el lápiz que había colocado sobre la mesa al lado de mi cama; las hojas estaban esparcidas y en desorden, algunas incluso en el suelo. Inclinándome con la cabeza y el corazón turbados para recogerlo todo, vi que muchas de aquellas hojas estaban cubiertas de escritura, y mi primer pensamiento fue, naturalmente, que la noche anterior, por la noche, había traído borradores a mi habitación en lugar de papel limpio. Pero mirando de nuevo, reconocí mi letra en esos papeles. Perpleja y asombrada al mismo tiempo, me senté, en camisón, al borde de la cama, insensible a las bromas de mis compañeras, que se vestían, burlándose de mi pereza o de mi aspecto estudioso, como decían alternativamente. Estaba absorta en la contemplación de este escrito y no presté atención a lo que decían. Sorprendida y cautivada, leí ardientemente, una tras otra, estas páginas. No sabía cómo estaba ahí ese escrito, pero al principio no pensé en ello, ya que me entregué al placer de leer estos hermosos pensamientos, expresados en frases tan simples y poéticas.

– Vengan aquí, amigos mías – dije –, escuchen esto; y comencé a leer en voz alta:

"En el principio Dios hizo los cielos y la tierra, y la tierra produjo plantas, y las plantas dieron semillas según su especie; los árboles produjeron frutos, cuyas semillas eran de su especie, y vio Dios que esto era bueno…"

- ¡Cállate! ¡ Cállate! – Se jactaron.

Pero seguí leyendo estas páginas en las que, como en un cuadro, se revelaba la visión del nuevo mundo, floreciendo en su primitiva y gloriosa belleza, en los rayos del Sol, la Luna y las estrellas.

Cada explicación era más rica en belleza, más maravillosa que la anterior, desde las estrellas que continuaban su curso circular hasta la pequeña hierba que tomaba su color de los rayos del sol.

Leí con tanta pasión que ni siquiera noté la actitud de mis oyentes. Estaban lejos de experimentar el mismo arrobamiento que yo; solo al final me di cuenta de sus observaciones, burlándose de mi supuesta ineptitud al hacer descripciones.

Fue bajo el control de sentimientos extraños que esa mañana entré al salón de clases. Apenas noté la frialdad y el mal humor de mis compañeras de clase, mi cabeza estaba tan llena de las imágenes que evocaba esta misteriosa escritura. Me sentí agitada, emocionada e impaciente, hasta la media hora del recreo que me permitió releer esas páginas. Fue entonces cuando medité sobre la extrañeza del hecho.

¿Cómo había sucedido eso? ¿Quién había escrito y cuándo se escribió esta composición?

Me vino a la mente el pensamiento que alguien quería gastarme alguna broma y me causó miedo; pero, no... la letra era mía; no podría equivocarme en esto, ni habría discusión posible. Así que lo tenía escrito; pero ¿cuándo...? ¿Durante el sueño...?

Había oído hablar de cosas similares; pero ese no fue mi caso. Me reconocí completamente incapaz de ordenar media docena de frases... ¿De dónde, entonces, podrían surgir estas bellas épocas, tan poéticas y tan fuertes, que quien las leía se sentía arrastrada, en las alas de la imaginación, hacia las escenas del florecimiento de la Naturaleza?

Todo el día estuve atormentada por mis propios argumentos, favorables o contrarios, respecto del autor del escrito, y por la conducta de mis compañeras. Fingieron que mi incapacidad para escribir la descripción no era más que un pretexto o una artimaña para dejarles terminar su trabajo y luego venir a presentar el mío, con el objetivo de eclipsarlos por completo.

Más de una vez decidí no utilizar esta obra, pero la tentación era fuerte...

El incidente finalmente llegó a nuestra maestra y me ordenaron llevar todos los papeles a su oficina, lo cual hice temblando de miedo. Haciéndome sentar, tomó las páginas y rápidamente miró la primera página; luego, mirándome con expresión severa, con la mirada con que solía mirar a los culpables, dijo:

- ¿Dónde encontraste esto? ¿No copiaste de algún libro?

- No, señora.

– Explícate entonces – dijo.

Tímidamente le conté todos mis fracasos en los numerosos intentos de composición que había hecho después de ser elegido el tema. Le dije cuál había sido mi desesperación; le expliqué que todas las noches llevaba papel y lápiz a mi habitación para anotar las ideas que se me ocurrían durante la noche, ya que me parecía que en la cama se podía pensar bien. Añadí que regularmente me quedaba dormida sin haber pensado en nada y, en consecuencia, sin tener que acordarme de la mañana siguiente.

Le conté también cuánto había orado la noche anterior, pidiendo inspiración, después de haber intentado en vano escribir en la cama, porque mis compañeras me habían obligado a apagar la vela y acostarme. Le confesé que lloré hasta que me venció el sueño y que, cuando desperté a la mañana siguiente, había encontrado los papeles cubiertos de escritura.

– ¿Supones que alguna de tus compañeras escribió esta composición? - Ella me preguntó.

Respondí que no podía suponer que lo hubiera escrito nadie más que yo, porque reconocía mi letra y, además, los lápices estaban completamente gastados, demostrando que habían sido usados durante la noche.

– ¿Pero no recuerdas haber escrito eso?

- No

– ¿Y crees que es justo que este trabajo pase como tuyo?

Ésa fue la pregunta que me inquietó y dije temblando:

– No sé qué debo hacer; quisiera que alguien me aconsejara; esta indecisión me hace muy infeliz.

Y las lágrimas, que no estaban muy lejos, empezaron a correr por mi rostro. Creo que mi visible angustia ablandó a la maestra, porque me dijo casi amablemente:

– Leeré tu composición, lo pensaré y luego te diré lo que debes hacer.

Salí de la oficina con el corazón aliviado, feliz de haber descargado mi responsabilidad sobre los hombros de una persona más competente que yo.

Una hora más tarde me llamaron de nuevo a la oficina, donde, para aumentar mi consternación, encontré al rector hablando con la profesora. En mi opinión el hecho había cobrado una importancia terrible y me sentía muy nerviosa.

– El rector quiere saber todo lo que se refiere a este escrito. Entonces cuéntale todo – dijo la maestra.

Repetí la historia, tras lo cual fui sometida a una larga serie de preguntas. ¿Qué libros había leído sobre el tema?

No recordaba haber leído nada más que la Biblia y los libros escolares.

– ¿Escribiste composiciones de este género antes de empezar la escuela?

- No; estoy segura de eso.

– ¿Por qué se considera la autora de esta composición?

– Porque está escrito con mi letra y en el papel que llevé a mi cama.

– ¿Alguna vez ha hecho algo mientras dormías que no recordara por la mañana?

Respondí vacilante:

- Sí.

Sabía que había ido a la habitación de mi hermano en muchas ocasiones, pero no lo creí hasta que una vez me desperté. En otra ocasión me corté en la mano y fui atendida por un sirviente, y solo me enteré de todo esto a la mañana siguiente. También me dijeron que tenía la costumbre de caminar mientras dormía cuando era más joven, pero pensé que esa costumbre había desaparecido.

- Sin embargo, ¿nunca has hecho ningún trabajo escolar mientras dormías?

- No.

– ¿Por qué crees que lo has hecho ahora?

- No lo sé. Solo le había pedido a Dios que me ayudara con mis ideas, y pedí tanto que creo que me respondieron en sueños. No sé de qué otra manera se podría haber hecho este trabajo.

Luego se produjo una conversación entre el decano y la profesora, durante la cual oí alusiones a un caso similar ocurrido en un país extranjero. Un estudiante, cansado de sus estudios, escribió un tratado sobre un tema científico, obra que fue considerada de gran valor.

Después de todo, los papeles me fueron devueltos con la orden de copiar cuidadosamente la composición y agregarla a mis otras obras.

– Es un caso muy raro – me dijo el rector – pero, como no hay duda que la letra es suya y porque la señora Whittingham me dice que nunca tuvo ningún motivo para dudar de su perfecta sinceridad y honorabilidad, no tenemos el derecho a rechazar esta obra, por extraña que sea. Hemos oído hablar de casos similares y, aunque sobre ellos se han formulado diferentes teorías, me inclino a aceptar su opinión cuando se refiere a la ayuda de Dios en respuesta a su oración.

Nunca un corazón había palpitado con tanta alegría como el mío cuando, apretando el precioso manuscrito contra mi pecho, corrí a la sala de estudio para copiar mi composición. Me pareció que había ganado una batalla. Habían reconocido que yo era sincera y honesta. La voz del decano había sido muy afable cuando me habló, y tanto él como la profesora me miraron amablemente cuando les agradecí con los ojos llenos de lágrimas de felicidad.

El día del examen se siguió el programa habitual; como otros años se realizaron audiciones de canto, solos de piano y exposiciones de dibujo. Luego vino la lectura de las composiciones. Cada uno de ellas tuvo sus pequeños elogios, porque todos eran más o menos buenos.

El rector explicó más tarde que consideraba mi composición, que debía leerse en último lugar, como una respuesta directa a una oración. No la había clasificado entre las piezas en competencia, porque eso no sería justo para las demás estudiantes; pero no pudo evitar considerarlo una obra muy hermosa, así que me iba a tomar la libertad de leerla en voz alta.

Así se hizo; pero creo que esta lectura no provocó muchos comentarios, salvo en la mesa. Todas las estudiantes estaban cansadas por el trabajo de esa mañana y el calor que reinaba en la habitación.

Recibí amables palabras del decano y de los profesores y un escritorio bien equipado como recompensa especial. No sabía el motivo, ya que me habían dicho que, por las circunstancias actuales, mi composición no podía formar parte del concurso. Eso; sin embargo, no me importaba. Estaba perfectamente feliz y satisfecha con los elogios que me habían brindado.

VI.-
La lectora de la buena fortuna

¿Por qué buscas, mortal, tan curioso,
Conocer los acontecimientos del futuro?
Bueno o malo, nunca te traerán alegría;
Si son buenos, te roban la esperanza;
Si son malos, estás privado de la bonanza,
Que precedería a la hora de sufrir del sufrimiento.

Dryden

Durante la última parte de mis años de secundaria me ocurrió un incidente que, a pesar de no pertenecer estrictamente a la categoría de experiencias que me toca narrar, parece tener alguna similitud o relación con ellas.

Estaba pasando unos días de vacaciones con una amiga del colegio, solo un año mayor que yo, pero con mucha más experiencia en el mundo. Estaba visitando la casa de unos primos, cuando recibió la noticia que había, si mal no recuerdo, una misteriosa dama en el barrio de Bloomsbury, que gozaba de la capacidad de ver y predecir el futuro.

– No es precisamente una lectora de la buena fortuna – me dijo Alice –, sino algo superior, una dama de sociedad. Vive en una casa preciosa, tiene sirvientes, etc. Mis primos aseguran haberle oído decir las cosas más admirables.

– Pensé que solo los bohemios sabían leer la buena fortuna – dije profundamente interesada en esta narración.

- ¡Oh! Esto es algo muy diferente. Mis primos me decían que personas perfectamente distintas la consultarían sobre sus asuntos y sus aflicciones. Tengo su dirección. ¿No te gustaría verla?

¿Qué colegiala podría resistirse a semejante tentación? No fui capaz. Antes de acostarnos esa noche, discutimos la ruta a seguir y los medios para realizar el viaje; examinamos el estado de nuestras respectivas finanzas y arreglamos nuestros planes para una visita a la misteriosa dama.

Alice no sabía cuánto nos costaría a nuestras carteras este levantamiento del velo del futuro y, llenas de dudas, preguntamos si nuestros recursos serían suficientes.

Decidimos experimentar y al día siguiente nos encontramos buscando el bloque de Londres donde residía la dama.

Como ese tiempo ya pasó, no puedo recordar el nombre ni la dirección de la dama. Ni siquiera sé si alguna vez los conocí. Fue Alice quien sirvió de guía debido a su conocimiento de la metrópoli y la superioridad de sus diecisiete años.

Al llegar a la casa, nos presentó un paje joven, vestido con una chaqueta de Eton, y entramos en una habitación que, a la vista del brillante Sol de la calle, parecía tan negra como una tumba. Sentí algunos escalofríos de frío y una impresión de angustia cuando miré a mi alrededor.

Era una habitación octogonal, decorada con cortinas oscuras que atenuaban la luz de las ventanas. En sus esquinas y entre las cortinas se colocaron espejos largos y estrechos, que iban del suelo al techo. Cuando entramos, la habitación parecía llena de gente y solo cuando nuestros ojos se acostumbraron a la penumbra, pudimos reconocer nuestras imágenes en los espejos. Había algo extraño en el aspecto de aquella habitación, y empezaba a arrepentirme sin embargo de haber ido allí, sin expresar mi impresión, cuando el paje volvió y dijo que la señora recibiría a una de nosotras.

– ¡Ve, Alice! – Dije, y me quedé sola en aquella triste habitación, por un tiempo que me pareció eterno.

Cuando finalmente regresó, yo, ya acostumbrada a la penumbra, pude ver que estaba muy pálida y perturbada; entonces estaba más nerviosa y asustada que nunca.

– ¿Qué te pasa, Alice? ¿Que te ha dicho?

- Casi nada. Creo que a todo el mundo le repite lo mismo. Pero ha llegado tu turno. El paje te espera. Hablaremos más tarde.

Con algo de miedo y ganas de reír seguí al paje escaleras arriba hasta la habitación donde me esperaba. Por lo que pude observar en la penumbra, esta habitación tenía una forma similar a la otra y tapices similares, pero no pude observar nada bien excepto a la mujer de largo cabello blanco o gris, que caía sobre sus hombros en masas onduladas. Estaba vestida de negro, su rostro estaba pálido y cansado, pero no podía distinguir si era joven o vieja. Tuve la impresión de algo blanco, negro, misterioso, y sentí un deseo casi irresistible de salir corriendo, a pleno Sol. Ya sea que esto fuera un hecho de mi imaginación excitada o algo más, la verdad es que experimenté una sensación extraña y dolorosa ante la aparición de esta mujer de cabello blanco, vestida de negro.

Mi pulso latía precipitadamente y todavía no sabía si quería reír o llorar.

Ella me miró por un momento y luego me pidió que me sentara. Me senté en el borde de la silla más cercana.

– ¿Qué es esa señal que tienes en el brazo? – Preguntó de repente.

Inmediatamente miré las mangas de mi chaqueta, pero al no notar nada, balbuceé alguna respuesta. Ella no le prestó atención y continuó hablando rápidamente. No pude captar más que una palabra de ella aquí y allá, y me pregunté qué estaba diciendo. Después de unos minutos entendí que estaba hablando de mi futuro. Intenté en vano seguirla y comprender el significado de sus palabras; cuanto más lo intentaba, más confusas se volvían mis ideas. Hablaba muy rápido, con una entonación monótona, como quien lee en voz alta.

Escuché una o dos frases refiriéndose a la señal en mi brazo y su significado; luego se detuvo y, mirándome fijamente durante un minuto o dos, dijo bruscamente:

– Tus ojos ven cosas para las que otros están ciegos.

Que Dios te ayude. Tu vida no será fácil.

Luego retomó su tono monótono, pero no pude seguirla. Su observación sobre mis ojos había desorientado mi pensamiento. Cuando dejó de hablar, solo entendí que mi futuro estaba predicho.

Después de una pausa, me pidió que le dijera las preguntas que quería hacerle. Ciertamente los tenía, pero en ese momento no podía formular nada.

– Quiero saber... – dije dudando y preguntándome qué preferiría saber primero.

– Si te casarás, ¿no? - ella sugirió.

- Sí.

– Estarás casada, como máximo, dentro de dos años.

Entonces balbuceé una pregunta.

– Aun no has visto al hombre con el que te casarás – dijo.

Siguió una pausa, durante la cual intenté recuperar la calma, mientras los preciosos minutos pasaban volando y yo quería saber muchas cosas. Sin embargo, antes que pudiera hablar, ella continuó:

– Tu vida será extraña, llena de acontecimientos y muy diferente a la vida ordinaria. Muchas cosas te sucederán; muchas miserias y sufrimientos vendrán sobre ti; desamores como pocos han conocido. En compensación; sin embargo, tendrás mayor fama que la que normalmente se concede a las mujeres. Tu camino es uno entre mil y; sin embargo, a pesar de estar asediada por los peligros y tu falta de experiencia, tendrás el poder de guiar a los demás y conducirlos a la felicidad.

Ella dijo más; me dio consejos y advertencias en un tono serio y amigable. Tenía lágrimas en los ojos y me sentí estrangulada.

Luego se detuvo y simplemente dijo que podía irme. Me puse de pie, preguntándome, con vergüenza, si debía estrecharle la mano antes de salir de la habitación; pero ella se tapó los ojos con las manos, como si estuviera cansada, y tocó una campanilla. El paje entró, dejándome la puerta abierta, y luego me incliné como una colegiala y me acerqué a Alice, quien me saludó con estas palabras:

– ¡Qué tarde llegaste! Apresurémonos a regresar a casa.

Alice estuvo singularmente melancólica y silenciosa durante nuestro regreso; pero, al final, habló con esfuerzo y con el mayor desprecio hacia los lectores de la buena fortuna, en cuyas palabras decía no creer.

- ¿Que te ha dicho? - Pregunté.

– Nada más que un montón de historias viejas, de las que no recuerdo ni la mitad.

– A mí me pasa lo mismo; al principio no sabía que ella estaba prediciendo mi futuro; y cuando entendí esto, ya me había perdido toda la primera parte de su discurso y no podía entender el resto. Sin embargo, más tarde dijo que me casaré dentro de dos años con alguien a quien aun no he visto. ¿Te dije también algo parecido?

- No; ella dijo que no debía desear casarme.

- ¡Dios mío! ¿Eso es verdad? ¿No quieres casarte?

– ¡Por supuesto que quiero, loca! Me caso porque mi matrimonio ya está arreglado.

Esta sorprendente declaración cambió el curso de la conversación, y no fue hasta que llegué a casa que de repente recordé la observación de la señora sobre un lunar que tenía en mi brazo, y le pregunté a Alice si le había contado al respecto.

– No, yo mismo no sé nada al respecto. ¿Qué es?

– Es algo curioso; en mi brazo izquierdo, debajo de mi hombro, hay una pequeña señal en forma de cruz, que, generalmente imperceptible, a veces se vuelve de un rojo brillante y perfectamente distintivo a la vista y al tacto. Entonces era muy reconocible; pero ¿cómo podría descubrirlo a través de las mangas de mi vestido y de mi abrigo? Era una pregunta insoluble.

Algún tiempo después, Alice confió en mí. La lectora de la buena fortuna le había vaticinado un grave accidente que la haría sufrir y sobre todo morir, según su idea, como supongo, añadió Alice. Luego recordé su palidez, cuando salió de la entrevista con la señora de los cabellos blancos, y mis sospechas sobre su lucidez, cuando predijo su futuro.

Hasta donde puedo recordar, las palabras de esta mujer me impresionaron profundamente, e incluso mucho tiempo después la observación que hizo de mis ojos, viendo lo que otros no veían, me dio gran consuelo, introduciéndome sin cesar en mi espíritu.

Parecía querer decir que esta facultad no era del todo desconocida, dejándome con la esperanza que, en última instancia, esto no fuera un síntoma de un trastorno mental.

Alice y yo dejamos la escuela al mismo tiempo y nunca volvimos a vernos; porque, poco después, murió de una muerte horrible.

Estaba en Brighton cuando una noche se produjo un incendio. El hotel donde vivía se incendió. La pobre Alice murió quemada junto con una de las criadas que intentaba salvar. La profecía de la lectora de la buena fortuna se cumplió así de manera horrible.

Lo que ella me contó sobre mi matrimonio también se hizo realidad, porque dos años después de nuestra visita ya estaba casada. En cuanto al resto de la profecía sobre mi futuro, los lectores juzgarán por sí mismos cómo se cumplió.

VII.-
Aun los fantasmas –
Ruidos en la mesa

... Las sombras esa noche
Infundieron más terror en el alma de Richard
que diez mil soldados armados lo harían.

Shakespeare

En los primeros días de mi vida matrimonial, se me aparecieron nuevamente fantasmas. Trasplantada del ambiente ruidoso de cuatro hermanitos y hermanitas a la soledad de mi nuevo hogar, dejando la vida activa de hermana mayor, criada e institutriz a cuatro pequeños seres maliciosos y traviesos, para estar solos la mayor parte del día, con muy poco que ocupar mi tiempo, me aterroricé al descubrir que mis viejas visiones de fantasmas estaban regresando con toda su fuerza.

En vano intenté distraerme cosiendo, escribiendo y leyendo. Muchas veces, mientras leía o cosía, tenía la clara impresión que alguien me observaba por encima del hombro, o me miraba desde el lado opuesto de la cámara, o incluso se sentaba a mi lado y me cruzaba su mirada. En vano repetí que era una debilidad albergar tales fantasías; no me abandonaron, obligándome a veces, por un momento, a dejar mi trabajo y tirarme en el sofá, tapándome los ojos con un grueso paño de lana, para no ver las formas de los fantasmas.

A veces razonaba, me reía de mí misma e iba arrogantemente de habitación en habitación, interrogando con la mirada cada rincón, cada hueco, en definitiva, todo lo que podía dar lugar a esos vagos terrores, diciendo: "Ahora puedes ver que no hay motivos para estar asustada; que no hay nada allí que se parezca a una criatura humana, ya sea real o imaginaria. Así que deja de ser estúpida y ridícula." A pesar de estos razonamientos; sin embargo, el mundo fantasmal se impuso sobre mí, y la idea de tener que pasar largos días en soledad realmente me asustaba. No tenía amigos, pero solo unos pocos conocidos en ese lugar; como muchos de mis amigos estaban en el sur de Inglaterra, podía tener muy pocas distracciones y compañía donde estaba.

La constante repetición de estas visiones me asustó enormemente. Un día, por casualidad, mencioné algo sobre mis miedos a estar sola y la curiosa sensación que sentía al verme observado por seres intangibles. Pero el consuelo que recibí me trajo un fuerte recuerdo de la observación del médico en mi infancia, y los viejos temores y ansiedades me asaltaron nuevamente. Vigilaba constantemente mis sensaciones, comparando las experiencias de un día con las de otro, de una semana, de un mes, etc., para comprobar si la enfermedad mental que secretamente me creía afectada iba desapareciendo, empeorando, y si esta debilidad crecía; y al mismo tiempo me preguntaba si podía ocultar mi estado de ánimo a los demás.

A veces, durante muchos días, no tenía visión alguna y me sentía completamente curada, solo quería cantar y bailar, tan aliviado estaba mi corazón, suponiendo que la nube había desaparecido.

Pero cuando mi esperanza era más fuerte, de repente me estremecía, casi desmayándome, al ver un rostro que me miraba desde detrás de una cortina, o una figura que desaparecía por alguna puerta, al pasar de una habitación a otra.

Fue entonces cuando escuché por primera vez sobre el Espiritismo. Estaba visitando a una amiga, que vivía a poca distancia de mi casa, cuando, durante la conversación, ella me confió sus preocupaciones por el creciente interés de su marido por el Espiritismo y sus visitas a un grupo de espíritas y médiums. Escuchando las descripciones que me dio de estas reuniones, del cuarto oscuro, las mesas giratorias, las cajas de música girando en el aire, los médiums que hablan en estado de trance, pensé que ella realmente tenía motivos para quejarse y quedé asombrada que un hombre sensato apreciara estas exhibiciones vulgares de prestidigitadores.

En la primera ocasión que tuve que hablar con él sobre este asunto, me sorprendió verlo abordar seriamente estos absurdos, y mis acusaciones no hicieron más que provocar disertaciones sobre hipótesis espiritistas y descripciones de estas manifestaciones. Incómoda y molesta por esta fácil credulidad, utilicé todos los argumentos que me vinieron a la mente para mostrarle cuán absurdas eran las ideas espíritas y cómo todas esas manifestaciones de las que hablaba podían ser fácilmente imitadas en la oscuridad que él declaraba como condición necesaria para su producción, qué ridículo era creer, con sentido común, que una mesa podía por sí sola caminar por una habitación y responder inteligentemente a las preguntas que se le formulaban.

La única respuesta a mis objeciones fue una invitación para probar y comprobarlo por mí misma, que rechacé inmediatamente.

Yo había creído que no había nada de cierto en lo que decía sobre los objetos inertes que se movían por sí solos. Y si eso era real, era algo de lo que lamentarse. Con esta conclusión lógica, no quise continuar la discusión.

En los días siguientes, mis pensamientos se centraron a menudo en la extraña credulidad de mi amigo, una credulidad que me había apenado y desconcertado mucho.

Desde el momento en que nos conocimos, había concebido un sincero respeto por su rectitud inteligente, su carácter honorable, su amor por la verdad, su juicio sereno y tranquilo y su fuerza de razonamiento, todo lo cual me hizo buscar y apreciar su opinión sobre asuntos generales. ¿Que, aunque fuera por un momento, ella podría pensar que él creía tal cosa? Esto me afectó dolorosamente y traté de encontrar argumentos para presentar cuando nos volviéramos a encontrar.

Cuanto más lo pensaba y anticipaba la terrible decepción que le esperaba, más necesario me parecía transmitirle esta convicción.

Invitada nuevamente a intentar comprobarlo por mí misma, superé mi aversión y acepté, con dos o tres personas más, colocando mis manos sobre una mesa pequeña. Obviamente estaban pensando en algún buen chiste y esperaban reírse; en cuanto a mí, no encontré ningún placer en ello; pero yo mantuve la calma, convencida que mis amigos comprenderían lo absurdo de la cosa; es decir, de una mesa que daba señal de inteligencia.

Para mi gran sorpresa y, tal vez, también disgusto, me pareció sentir algo parecido a un movimiento producido por vibraciones en la superficie de la mesa; este movimiento poco a poco se fue comunicando a todo el cuerpo y, volviéndose cada vez más pronunciado, acabó convirtiéndose en un balanceo regular. Al ver esto, el Sr. F... comenzó a hacer preguntas, diciéndole a la mesa que golpeara con el pie cuando quisiera responder "no." Se formularon varias preguntas, a las que el panel respondió con mayor o menor precisión. Después el señor F... me preguntó:

– ¿Qué piensas sobre eso ahora?

– Creo que eres tú quien la estás presionando – respondí.

Pero, en el momento en que terminé de hablar, la silla en la que me sentaba, comenzó a correr por la habitación y me subí al sofá. Me deshice de ella y, al mismo tiempo que la regañaba y reía, acusé al Sr. F... de usar cables o imanes, y le pedí que se alejara de la mesa. No solo se alejó de la mesa, sino que salió de la habitación y cerré la puerta para que no volviera. Luego me senté de nuevo con mis amigos alrededor de la mesa. Mi silla, guiándome, corrió de nuevo por el suelo hasta el sofá, sobre el que saltó como antes.

A petición mía, y uno tras otro, mis amigos se alejaron, hasta quedarme sola, con los dedos apoyados en la mesa. Ella todavía se movía y, cuando no le hacían preguntas, se balanceaba, levantando ora un pie, ora el otro, girando sobre sí misma, y así caminaba por la habitación, seguida por mí con los dedos colocados en su espalda.

Me pareció entonces que había algo diabólico allí; a veces se sacudía como quien quisiera reprimir una suave de risa; otras veces me daba la impresión de una criatura animada que respiraba débilmente. Luego dio un salto repentino, como para escapar de mis manos.

Al retirarme esa noche, muy perpleja por el resultado de tal experimento, recordé que una vez el Sr. F... nos había divertido mucho con algunas muestras de mesmerismo y, gracias a este recuerdo, vino en mi ayuda como explicación de estos misteriosos movimientos de muebles. Si era posible influir en las personas a través del magnetismo y hacerlas obedecer, ¿no sería igualmente posible que objetos inanimados, como mesas y sillas, fueran sometidos al mismo poder y obligados a actuar según la voluntad del operador? Nunca había oído hablar de tal posibilidad, pero ¿habría alguna razón para esta suposición? Cuanto más reflexionaba, más me parecía permitido; por eso, discutiendo con los demás amigos que, como yo, habían asistido a la experiencia en la mesa, decidimos aclarar este tema, reuniéndonos esa tarde para hacer un nuevo ensayo, sin avisar al Sr. y a la Sra. F...

Como resultado, la noche siguiente seis personas se reunieron en mi casa, incluida yo. Decidimos utilizar una mesa de cocina, no barnizada, por ser la que tenía las patas más sólidas, y la menos apta para ser movida por la presión inconsciente de las manos, cosa que no ocurría con la pequeña mesa redonda de tres patas que nos habíamos servido la noche anterior.

Nos sentamos alrededor de la mesa, dos a cada lado y uno a cada cabecera; Colocamos las manos sobre la superficie juntando los dedos extremos formando una cadena.

No duró mucho, tal vez ni siquiera media hora, cuando el mismo estremecimiento, las mismas sensaciones vibratorias se hicieron sentir y luego se comunicaron a toda la mesa, que comenzó simplemente con un movimiento de balanceo o, más correctamente, un movimiento. como una onda, pero sin moverse.

VIII.-
La mesa traiciona sus secretos.

Es tu propio espíritu el que ordenas
llegar tan lejos para espiar nuestras acciones,
¿Descubrir nuestra vergüenza y nuestras horas de pereza?

Shakespeare

Comenzamos presentando preguntas, usando las mismas señales que el Sr. F..., y recibiendo respuestas sacudiendo la mesa. Alguien objetó que estos movimientos eran confusos y podían dar lugar a errores, la mesa, ante nuestra gran admiración, se elevó lentamente hacia un lado y golpeó claramente con un pie, desterrando así toda posibilidad de error.

Hicimos innumerables preguntas, todas de carácter más o menos absurdo. Recuerdo que una de las personas presentes preguntó por un tesoro escondido, preguntando si la mesa podría ayudarla a descubrirlo. Nos preguntaron sobre nuestras edades, las fechas de nuestro nacimiento, la hora de salida y puesta del Sol, el precio del trigo y finalmente todo lo que les vino a la mente. Aparte de algunas cosas correctas, creo que las respuestas no fueron muy satisfactorias. Después de todo, habiendo agotado la lista de preguntas, nos preguntamos qué más deberíamos preguntar.

De repente dije:

– ¿Sabes dónde está mi padre esta noche?

La respuesta llegó rápidamente, tras tres levantamientos de la mesa:

- Sí.

¡Pues bien! esto fue extraño; Ninguno de nosotros sabía dónde se podía encontrar a mi padre en ese momento y esperábamos ansiosamente noticias suyas. Mi madre sufría de dolores internos y había venido desde Londres para ver a un médico en la ciudad de Durham, quien había considerado necesario operarla. Le había escrito a mi padre para informarle de esto y pedirle que viniera, para expresar su opinión sobre la oportunidad de esta operación, ya que mi madre no quería tomar ninguna decisión en su ausencia.

Esta carta no recibió respuesta. Se enviaron dos cartas más y siempre el mismo resultado. Concluimos que lo habían llamado a otro lugar y había dejado de recibirlos, lo que había sucedido después de la partida de la primera carta de mi madre. Esta última, en una nota que me había escrito por la mañana, me pidió que fuera a verla al día siguiente, porque estaba muy impresionada por la falta de noticias de mi padre. Éste es el motivo de mi pregunta en la mesa y de mi sorpresa ante su respuesta.

– ¿Dónde está entonces? – Pregunté entonces.

Pero surgió una dificultad: nuestros carteles solo podían indicar las respuestas "sí", "no" y "no sé", y ninguna de estas palabras podía satisfacer nuestra pregunta. Alguien se ofreció a pronunciar las letras del alfabeto, y la mesa acordó levantar los pies cuando se pronunció la letra que debía formar el nombre del lugar solicitado.

Después de muchos errores, repeticiones y dificultades, surgió la palabra Swansea.

– ¿Quieres decir que está en la ciudad de Swansea, en Gales?

- Sí.

- ¿Desde cuándo?

– Diez golpes indicaron diez días.

- Imposible. Esto no puede ser cierto, ya que sabemos que estuvo en Londres estos últimos días.

Se dieron diez golpes más.

– ¿Estás seguro que son diez días?

- Sí.

– ¿Y qué hace allí?

- No sé.

– ¿Vive en un hotel?

- No.

– ¿En la casa de un amigo?

- No.

- Esto no tiene sentido; si no vive en un hotel o en casa de un amigo, no puedes estar en Swansea.

- Sí.

– ¿Dónde entonces?

Alguien entonces sugirió la palabra embarcación...

- Sí.

– ¿Quieres decir que está a bordo de un barco?

- Sí.

– ¿Qué barco? ¿Cuál es su nombre?

Empezamos a pronunciar las letras del alfabeto y, al cabo de un momento, obtuvimos el nombre de Lizzie Morton.

– ¿Quieres decir que está a bordo de un barco llamado Lizzie Morton y que estuvo en Swansea durante diez días?

- Sí.

- Es extraño – observó alguien –. ¿Tenías idea que tu padre estaba allí?

– No – respondí –; estaba en Londres, deseando completar algún pequeño negocio antes de ir a ver a mi madre a Durham. No vino ni respondió a sus cartas; pero, ciertamente, habría escrito si hubiera tenido que pasar a otro punto. Creo que lo que dice el panel no tiene sentido.

– Pero – dijo uno de los presentes –, se supone que son los espíritus los que hablan en las mesas.

– ¿Es un espíritu el que está haciendo hablar la mesa?

- Sí.

– ¿El espíritu de un hombre?

- No.

- ¿De una mujer?

- Sí.

– ¿Qué nombre tenía?

– María E.

Era el nombre de mi abuela.

– ¿Eres mi abuela?

- Sí.

– ¿Viste a mi padre en Swansea?

- Sí.

– ¿Todavía está ahí?

- Sí.

Decir cuál fue nuestra sorpresa ante el resultado de esta experiencia es expresar superficialmente nuestros sentimientos.

Por mi parte, me sentí completamente asombrada y me pregunté, ansiosa y perpleja, si debía contarle a mi madre lo que habíamos aprendido. Incluso al día siguiente, durante mi viaje a Durham, estuve pensando en la conveniencia de decirle algo a mi madre, pero finalmente decidí no decírselo. Había mucho misterio en todo; todavía tenía un recuerdo muy claro de la incredulidad con la que ella recibía las narraciones de mis sueños y los de mis amigos fantasmales, y retrocedía ante la idea de tener que leer algo de desconfianza en sus ojos, aunque no lo expresara con palabras.

Al llegar a la casa donde estaba mi madre, después de intercambiar dos frases, me dijo:

– Recibí una carta de tu padre esta mañana; está en Swansea y acaba de recibir mis cartas sobre la operación.

Sentí sucesivamente calor y frío, y toda la habitación parecía girar a mi alrededor.

- ¿Qué pasa? – Preguntó mi madre –. ¿Te encuentras mal?

No sé qué dije, pero terminé contándole toda la historia, riéndose de nuestras experiencias con la mesa parlante. Lo que fuera pensamiento de mi madre, ella reprimió cualquier expresión de incredulidad y me propuso escribir a mi padre preguntándole por la veracidad de los demás detalles; lo cual pronto se hizo. No sé si hubo respuesta a esta carta, pero dos días después llegó mi padre y fui a recibirlo a la estación. En el camino me preguntó si alguien había hablado o escrito a mi madre sobre su negocio.

– No lo sé, y no lo creo – respondí.

– Alguien necesariamente lo hizo – me dijo –, o ella no podría saber el nombre del barco.

– De verdad, ¿estabas a bordo de un barco llamado Lizzie Morton, papá? ¿Y pasaste todo ese tiempo en Swansea?

- Sí; estuve allí unos días tratando un pequeño asunto relacionado con un barco llamado Lizzie Morton, pero ¿por qué darle tanta importancia? No recibí las cartas hasta hace dos o tres días, porque antes estaba de viaje y muy ocupado.

- ¿Llevabas diez días en Swansea cuando te escribió a mamá?

- Diez días; ¡Vaya! ¡No! No puedo decirlos exactamente, pero ciertamente no fueron tantos.

– ¿Cuándo saliste de Londres?

– El día 10 de este mes.

– Entonces le escribiste a mamá en 20, y son diez días.

– ¡Es exacto! Es posible. El tiempo vuela cuando estás ocupado.

Posteriormente supimos el motivo de su ausencia. Como muchos de los que pasaron la mayor parte de su vida a bordo, mi padre, a pesar de su determinación de convertirse en agricultor, sentía una atracción irresistible por todo lo que fueran los barcos y el mar. Había gastado dinero en barcos varias veces y lo había perdido a pesar que mi madre temía que se lanzara a especulaciones desafortunadas.

Después de la partida de mi madre a Durham, mi padre se estaba preparando para ir a reunirse con ella uno o dos días después, cuando por casualidad se encontró con un viejo amigo que debía ir a Swansea para examinar un barco que estaba en venta, y que lo invitó para ser su socio. En un caso así, mi padre no preguntó: aceptó la propuesta y los dos continuaron juntos. Después de inspeccionar el barco, hicieron un breve viaje de prueba y comenzaron a hacer arreglos para comprarlo. Como había dicho mi padre, el tiempo vuela cuando estás ocupado, y fue solo cuando recogió las cartas que lo esperaban en la oficina de correos.

Hacía unos días supo con qué ansias esperábamos noticias suyas.

Fue muy fácil obtener esta explicación; pero comprender cómo la mesa de la cocina podía conocer estos detalles y comunicaciones no era un problema de fácil solución.

– Asegúrate, querida – dijo mi padre –, que hay brujería o satanismo; una cosa u otra, y es mejor que no te metas en eso.

Al mismo tiempo, tenía muchas ganas de probarlo por sí mismo y ver moverse la mesa; y cuando, después de repetidos intentos, finalmente logró este efecto, se interesó enormemente por el resultado. Más tarde me dijo con aire muy serio que, en el fondo, los espiritistas tenían razón, a pesar que los hechos eran incomprensibles.

IX.-
La materia atraviesa la materia.

Nos fascina el misterio de lo que aun no sabemos.
Somos como niños, atentos y obstinados:
Las cosas a las que estamos acostumbrados
desde hace mucho tiempo, que nos son familiares,
las aferramos con una mano;
Mientras con los otros nosotros, las tinieblas tanteando,
vamos firmes, decididos, buscando la luz del futuro.

Longfellow

Por más sorprendida y perpleja como estaba, no pude rechazar tan rápidamente mis opiniones anteriores para adoptar la conclusión de mi padre. Mis amigos, el Sr. y la Sra. F..., fueron informados de los resultados de nuestro experimento y de su verificación. Después de algunas discusiones, acordamos que nuestros amigos que habían asistido al experimento de la mesa parlante descrito anteriormente se reunirían una noche a la semana, durante todo el invierno, para realizar más experimentos y ver el resultado. Éramos ocho y, salvo algunas excepciones, prevaleció esta combinación. Nos reuníamos regularmente a la hora señalada y nuestras sesiones en ningún caso resultaban infructuosas. En ciertas ocasiones se escucharon distintos golpes en la mesa, y de esta manera obtuvimos respuestas a nuestras preguntas. Los mensajes también nos llegaron a través de las letras del alfabeto, como en nuestra primera experiencia; otras veces quitábamos las lámparas para sentarnos en completa oscuridad, y entonces podíamos observar relámpagos o nubes luminosas flotando sobre nuestras cabezas; otras veces descubrimos una especie de luminosidad más firme y de contornos definidos. Sin embargo, tan pronto como intentamos aclarar estas apariciones, desaparecieron.

A veces poníamos un objeto pequeño sobre la mesa, como un anillo, un clavo o una moneda, y pedíamos que ese objeto fuera movido por esta extraña inteligencia o poder, cuando nuestros ocho pares de ojos nunca dejaron de mirar. Para ello se colocaron sobre la mesa un par de gemelos; los observamos de cerca, pero no mostraron signos de movimiento.

Al fin y al cabo, nuestra atención estaba absorta en los golpes y movimientos de la mesa - siempre la misma mesa lisa de pino de la cocina -, y por unos instantes dejamos de pensar en los gemelos. La cadena formada por nuestras manos no se rompió y comenzamos a deletrear el alfabeto para conseguir algún mensaje de la mesa.

Finalmente, reuniendo las letras obtenidas encontramos las siguientes palabras: "Busquen los gemelos." Luego notamos que ya no estaban sobre la mesa. Nuestro primer pensamiento fue que, por los movimientos de la mesa, se habían caído al suelo, y todos estábamos buscándolos, cuando nuevos golpes significativos nos hicieron detenernos, dándonos la idea que los gemelos ya no estaban.... en el salón sino en un compartimento contiguo. No podíamos creerlo, porque la puerta de la habitación en la que nos encontraron había sido cerrada con llave para evitar cualquier interrupción, y después nadie la había abierto. A continuación comenzó una serie de preguntas cuyas respuestas, como en el conocido juego de los regalos, consistían en las palabras "sí" y "no."

– ¿Están sobre una mesa?

- No.

– ¿En la chimenea?

- No.

– ¿Dentro de algún jarrón ornamental?

- No.

– ¿Están en algún otro lugar?

- Sí.

Después de todo, descubrimos que estaban en una maceta, colocada al lado de la ventana más alejada de la puerta.

Fuimos todos hasta allí, para examinar detenidamente este jarrón, y uno de los presentes fue, con la punta de un lápiz, alejando las hojas de las plantas, mientras los demás observaban. Sin embargo, los gemelos no estaban ahí. Fue el primer error que cometió la mesa y preguntamos qué nos quedaba por hacer.

Nos volvimos a sentar, poniendo las manos sobre la mesa como antes, y, con solemnidad, informamos a la mesa que se había equivocado, que los gemelos no se encontraban en la maceta, y que, como eran de gran valor, queríamos saber su paradero sin demora. Después de algunas dificultades para poner en orden nuestro trabajo, nos dijeron que no había habido ningún error y que los gemelos estaban en el lugar indicado.

– Pero ya hemos examinado el jarrón y no los hemos encontrado.

– Te limitaste a mirarlo, sin examinar su contenido.

Estuvo bien; nadie había mirado dentro del jarrón. Aun preguntando cuál debía ser examinado, fuimos a la habitación vecina y tomamos el jarrón indicado para examinarlo. Si no me equivoco, la planta que contenía era un hermoso geranio. La tierra no daba señales de haber sido removida, permaneciendo dura y compacta; pero, al retirarla con dificultad, vimos brillar entre las raíces de la planta los hermosos gemelos faltantes. ¿Cómo estaban allí? ¿Cómo los llevaron a través de la puerta doblemente cerrada, haciéndolos desaparecer de nuestra vista mientras estábamos alrededor de la mesa? No nos fue posible entender esto y no estoy segura que ninguno de nosotros haya intentado hacerlo.

Volviendo a la mesa, volvimos a colocar los gemelos y nos sentamos. Inmediatamente desaparecieron y luego nos dijeron que examináramos una caja japonesa en un estante alto. Subiéndose a una silla, uno de nosotros pudo alcanzar la caja, que estaba colocada sobre la mesa para abrirla. Estaba cerrada con llave y había que buscar la llave. Finalmente, los gemelos fueron descubiertos junto a la tetera de plata que contenía. Nos volvimos a sentar con los gemelos frente a nosotros, sobre la mesa, y por tercera vez desaparecieron instantáneamente.

Después de una larga búsqueda y desesperados por encontrarlos, suspendimos la sesión para tomar un café antes de despedirnos. Uno de nuestros amigos, al ir a tomar su café, sintió el líquido salpicarle la cara, mientras los botones caían misteriosamente en su taza, pareciendo venir de arriba. Luego los sacaron con una cuchara.

Creo que para la mayoría de los participantes, nuestras sesiones experimentales eran consideradas simplemente un pasatiempo, una distracción agradable que rompía la monotonía de la vida cotidiana, y el toque de misterio que aparecía en todo ello daba un interés picante a las historias, que no encontraríamos en otro entretenimiento. En cada sesión hicimos algún experimento nuevo o aprendimos algo nuevo; por lo tanto, en lugar de cansarnos, nos sentimos impulsados a continuar nuestras reuniones. Es dudoso que alguno de nosotros se hubiera tomado en serio el asunto durante mucho tiempo; todo esto no fue más que algo divertido, sorprendente y embarazoso para nosotros. Éramos jóvenes, no pensábamos en la vida y, además, nos divertíamos viendo cómo un interés común llevaba a seis u ocho buenos amigos a verse con frecuencia.

El señor F... era el lector de nuestro círculo; y en general nos traía noticias del movimiento espírita, noticias que recibíamos con extraño sentimiento. Al principio, todos estábamos más o menos dispuestos a recibir con incredulidad la narración de los maravillosos fenómenos atribuidos a los espíritus de nuestros amigos desaparecidos, idea que me disgustaba completamente. El movimiento de mesas y sillas, la desaparición de anillos y gemelos nos hicieron pensar menos en nuestros benditos muertos que en las hazañas de los niños que intentaban divertirse. Nuestros muertos, como nos enseñaba nuestra fe cristiana ortodoxa, estaban muy lejos de nosotros, en el mundo que ningún ojo humano aun podía ver, felices en las playas benditas del mar cristalino y muy ocupados cantando alabanzas al Creador, para que pudieran venir a nuestra triste y vieja Tierra para ofrecernos distracciones de tan absurda naturaleza. Ni por un momento podríamos creer eso. Sin embargo, tal vez fueran habitantes de regiones infernales, pobres infortunados rechazados del paraíso de los elegidos. Pero no todavía, podríamos estar de acuerdo en nuestras ideas. Aunque las manifestaciones eran triviales, eran inocentes y sin peligro, y ciertos movimientos en la mesa eran tan sugerentes, tan ingeniosos, que les sería imposible resistirse.

No hay duda que, cuando nos sentíamos deprimidos o un poco aburridos, bastaba con sentarnos a la mesa durante media hora para recuperar el buen humor y volvernos felices y comunicativos. A veces, un miembro del círculo tocaba una pieza musical, mientras los demás formaban una cadena alrededor de la mesa con las manos apoyadas en su superficie. Al cabo de unos minutos, invariablemente comenzaba un movimiento vibratorio y ondulatorio, regulado por el tempo de la música. Si se trataba de una melodía dulce y triste, los movimientos se volvían igualmente suaves y rítmicos; si se trataba de un aria animada, los movimientos eran rápidos, vivaces y decisivos. Una marcha o un himno nacional parecían despertar en él sentimientos similares, si se me permite expresarme así. El himno *"Yankee Doodle"*, en particular, tuvo un efecto maravilloso y siempre estuvo reservado para el final, porque los movimientos de la mesa se volvieron casi desordenados y, en general, nos vimos obligados a abandonar nuestras sillas para seguirlo en su entusiasmo. No había error posible: los movimientos, vibraciones y ondulaciones de la mesa expresaban el placer y el entusiasmo cuando se tocaba este himno. Por el contrario, si se tocaba *"God save the Queen"*, la mesa indicaba claramente cierta desaprobación malhumorada, ya sea manteniendo la calma, o dando golpes fuertes, o incluso levantándose del suelo y luego dejándose caer con fuerza..

Un salmo de cierta extensión parecía despertar en ella la mayor aversión; por eso nos gustaba que nuestro músico lo tocara, lo más lentamente posible. La mesa entonces se sacudía, se contorsionaba, se volvía casi boca abajo, variando sus movimientos mediante saltos cortos y furiosos, generalmente producidos en dirección al intérprete, o mediante violentos golpes en el suelo, que seguramente habrían roto una pieza menos sólida. Realmente, no necesitamos mucho tiempo para tener la necesidad de reparar esta pesada mesa de la cocina, y esto se hizo varias veces.

Todo esto fue muy divertido y estábamos enormemente felices, aunque mi patriotismo no siempre estuvo acorde con la recepción que tuvo nuestro himno nacional, el cual, a pesar de su poca importancia en el caso, me molestó un poco, sobre todo cuando, para mostrarnos su aversión, la mesa paseaba perezosamente por los "Viejos cien." Si la música de este himno era atroz, el tema era religioso y mi corazón protestó al verlo tratado de manera tan frívola, aunque a nadie más que a mí le pareció gracioso el chiste. A veces cantábamos y luego siempre íbamos acompañados de un movimiento rítmico o de golpes en la mesa.

Se han intentado muchos procesos para facilitar la transmisión de mensajes mediante golpes. El alfabeto estaba escrito sobre la mesa, y un indicador, adaptado a una especie de torniquete, pretendía señalar las letras; este sistema; sin embargo, no nos gustó, ya que los movimientos eran inciertos y los mensajes insatisfactorios.

Además, estos mensajes siempre fueron recibidos con una buena dosis de escepticismo, debido a la mistificación de la que dos de nosotros habíamos sido víctimas.

Un día, un largo mensaje en francés fue dictado a trazos y escrito con exactitud. Nos pidieron que escribiéramos a una tal señora Poltan o Poetan, residente en las cercanías de Havre, informándole que su hijo Juan se había ahogado; Nos dieron la fecha y lugar donde había ocurrido esta desgracia.

Uno de los miembros de nuestro círculo intentó escribir a la señora a la dirección indicada y le transmitió el mensaje mediante una carta cuidadosamente redactada; después nadie se enteró. La carta no fue devuelta, pero esto no prueba que haya llegado a manos de la señora en cuestión; y, aunque hubiera sido entregada a una persona de ese nombre, residente en el lugar, esto no probaría la exactitud del hecho. En cualquier caso, no sabíamos nada ni teníamos noticias del mensaje tan concienzudamente obtenido.

Más de una comunicación dudosa nos fue transmitida de la misma manera, pero se reconoció que eran falsas o estaban fuera de los límites de las pruebas de las que disponíamos. Al fin y al cabo, abandonamos estos ensayos y nos limitamos a leerlos, juzgarlos según su valor y conservarlos.

Realmente hubo un contraste sorprendente entre estas comunicaciones falsas y dudosas y las que tuvimos sobre mi padre y lo que se refería a él, cuya veracidad se reconocía en todos sus detalles. Fue gracias a esta semilla de verdad que comenzamos nuestras experiencias con el deseo de obtener más, y nos vimos impulsados a continuarlas, a pesar del desánimo que nos llegaba de los mensajes engañosos. Al mismo tiempo, estaba empezando a encontrar esto muy embarazoso y a preguntarme qué sucedería.

X.-
Primeras experiencias de clarividencia

Zuma se asustaba mucho
por el conocimiento de su hija,
cuando ella le hablaba
De sus visiones, y le decía
Las cosas que descubrió,
Portentos de maravilla.
Los hechos que iban a pasar,
que tal persona iba a morir
Y todos comentaron fielmente:
No es la voz de la niña;
No es ella quien habla,
sino un espíritu venerado
que viene del país de los seres
Que se fueron de entre nosotros

La historia de Y-Ay-Ali

Una noche el señor F..., después de haber narrado algunas experiencias de videncia que había leído, nos propuso hacer algunas en este sentido en lugar de seguir haciendo hablar la mesa. Aceptamos la propuesta y, con la luz de la lámpara atenuada, nos sentamos solemnemente alrededor de la mesa, a la sencilla luz del calorífero. Pero nadie vio nada excepto el resplandor de la llama parpadeando sobre las paredes de la habitación.

Después de todo, el señor F... propuso que uno de nosotros pusiera sus manos sucesivamente sobre los ojos de cada uno de los demás, durante un minuto o dos, para ver si ayudaría en algo a producir el hecho; luego, cada uno de los demás haría la misma experiencia. Algunos lo hicieron, pero no se logró nada hasta que el Sr. F..., de pie detrás de las sillas, puso sus manos sobre los ojos cerrados de cada persona. Muchos afirmaron haber experimentado una sensación particular en los ojos y en la cabeza; algunos pretendían ver claramente nubes frente a ellos; sin embargo, esto ocurre a menudo cuando las pupilas están comprimidas. Por lo tanto, nuestro experimento parecía no haber dado ningún resultado. Fui la última en vivir la experiencia y, con gran sorpresa, solo los dedos del Sr. F... tocaron mis párpados, la habitación, iluminada por la luz del fuego, desapareció para mí y pensé que estaba a la intemperie, en un lugar desconocido. Podía escuchar el susurro de los árboles y el murmullo del viento, pero todo estaba oscuro, y aunque tenía conciencia de estar en algún lugar, en un campo o en un camino, no podía distinguir nada. Al mismo tiempo, supe que estaba sentada en una silla entre mis amigos, en mi propia habitación; sin embargo, esta certeza no destruyó la sensación de realidad con la que esta extraña visión se grabó en mi mente. Sabía que estaba sentada en una habitación oscura y la sensación de estar segura no me abandonó ni por un momento; pero también sabía que la escena que estaba presenciando, en ese camino oscuro, era una realidad y me interesaba profundamente. Imagínese a una persona viendo una representación teatral; es consciente del entorno en el que se encuentra, así como de su propia individualidad, y puede; sin embargo, observar el espectáculo que se representa en el escenario con interés y simpatía. Esta persona sabe dónde está; por tanto, no hay ni sueño ni ilusión. Esta visión impresionó mis sentidos, como podría hacerlo una representación teatral, con la diferencia que la consideré imaginaria.

Mientras estaba allí, sola, en la oscuridad, sintiendo la impresión de una atmósfera pesada y húmeda y un olor particular a tierra cocida y a hierba, de repente vi brillar una luz ante mí. Sabía que venía de la puerta abierta de una casa que me había pasado desapercibida. Esta luz brillante procedía del interior de una habitación iluminada por una lámpara y el fuego de una estufa y se derramaba sobre la carretera. Entonces pude ver este camino, la casa y los árboles durante uno o dos minutos. Entonces, aparecieron dos figuras en el umbral de la puerta; había dos hombres. La puerta se cerró tras ellos y la oscuridad impenetrable reinó como antes. Durante este corto espacio de tiempo había notado, hasta ciertos límites, lo que me rodeaba; conocía la dirección del camino, de qué lado estaba la casa; sabía que lo bordeaba una zanja y que había árboles a lo largo de ella.

A pesar de la oscuridad, pude distinguir, aunque con dificultad, las figuras de los dos hombres que habían salido de la casa, y los seguí sin entender exactamente por qué lo hacía. Uno de ellos me pareció borracho, caminaba con paso inseguro, gesticulaba y hablaba en voz alta, o al menos así me lo parecía a mí, porque no podía escuchar sus palabras. El otro, más alto y delgado, caminaba lentamente y apoyaba a su compañero, tomándolo del brazo cuando tropezaba en la oscuridad. De repente el individuo más bajo desapareció; su compañero se detuvo y empezó a llamarlo, sin obtener respuesta; lo vi caminar con cautela, como buscando al otro en el camino. Parecía indeciso, yendo y viniendo, mirando a todas partes. De repente pareció haber tomado una decisión; se alejó rápidamente; lo vi seguir y entrar por una puerta que se abrió. Poco después, de esa casa salieron varias personas, portando una linterna, en compañía de quien los había llamado. Los seguí, pero nadie se dio cuenta de mí. Tomaron el camino seguido anteriormente por los dos, examinando las esquinas del camino con la ayuda de una linterna.

Entonces observé lo que antes no había visto: en cierto punto se separaba otro camino del primero, por el que había visto seguir a los dos hombres, y éste era paralelo al otro, pero situado a un nivel más bajo. Cuando el grupo llegó al punto donde el hombre había desaparecido, la búsqueda se hizo más activa y yo, a la vista de lo que se buscaba, observaba con ansiedad. Finalmente, uno de los exploradores se acercó al foso y, mirándolo, dijo algo a sus compañeros; entonces todos dieron media vuelta y volvieron sobre sus pasos hasta el cruce de los dos caminos; luego, dejando el camino bajo, fueron con la linterna a explorar los lados del camino alto.

Finalmente, evidentemente descubrieron al hombre que buscaban, tirado al costado de la carretera y aparentemente insensible a todo. Se reunieron alrededor de este cuerpo inanimado. El hombre alto y esbelto, a quien mencioné primero, intentó levantar a su compañero del suelo mojado, mientras uno de los otros levantaba la linterna iluminando al grupo. Entonces pude ver sus caras por primera vez. Los rasgos del que sostenía la cabeza del hombre caído me sorprendieron, como si me fueran familiares; pero por el momento no podía apelar a mi memoria. Cuando el hombre se puso de pie, miró a su alrededor con expresión asustada. Miré nuevamente a quien lo sostenía y, esta vez, con gran sorpresa, ¡reconocí al Sr. F...!

- ¡Cómo! ¡Eres tú! – Exclamé.

El asombro que me produjo este descubrimiento fue más allá de la sorpresa que había experimentado ante la extrañeza de toda esta visión.

Había seguido los distintos episodios de lo que me parecía un pequeño drama; los había seguido ansiosamente, temiendo que esto se convirtiera en una tragedia. Temía la muerte del individuo encontrado inconsciente al costado del camino y experimentó un gran alivio cuando a la luz de la linterna vio que simplemente estaba durmiendo. Hasta donde pude saber, todos los actores de esa escena me eran desconocidos y, aunque seguí cada movimiento con interés y ansiedad, lo hice solo como un extraño; por lo tanto, cuando reconocí al Sr. F... como una de las principales personas en cuestión, mi sorpresa fue tan grande que casi despertó en mí un sentimiento de consternación.

Tan pronto como quitó sus dedos de mis párpados, grité mirándolo: "¡Cómo! ¡Eres tú!" Mi sorpresa se comunicó al resto del círculo, y se hicieron ardientemente preguntas y más preguntas sobre el significado de toda esta historia. Durante la representación de esta escena, conté fielmente cada incidente tal como ocurrió, y todos mostraron tanto interés como si yo hubiera tomado parte activa en el drama. Fue, por tanto, con gran curiosidad que esperábamos las explicaciones del Sr. F... Nos dijo que reconocía en esto, completamente, las circunstancias de un hecho que, unos doce años antes, le había sucedido a él y a varios de sus amigos. Después de pasar el día cazando ciervos juntos, se encontraron juntos en un albergue antes de regresar. El señor F... y un joven compañero salieron juntos de allí, porque iban en la misma dirección. Tan pronto como estuvieron afuera, expuestos al aire de la noche, el señor F..., a quien el vino no había hecho ningún efecto, notó que el estado de su compañero había empeorado considerablemente después de las últimas copas de despedida, y tuvo dificultad para salir. Fue disuadido de regresar para hacer un último brindis por sus camaradas. Habiendo logrado arrastrarlo cierta distancia hacia su casa, de repente dejó de verlo a su lado, como le había narrado. El resto de la historia coincidía en cada detalle con mi visión, la cual, en ciertos puntos, le recordó al Sr. F... algunos pequeños incidentes que ya había olvidado.

Fue con un sentimiento muy similar al que había experimentado durante nuestra primera experiencia en la mesa parlante, que revisé mi visión tan especial de esa noche. Llegó a ser de gran interés para todos los miembros de nuestro círculo y la discusión que siguió fue animada; pero para mí significó algo más. Una gran esperanza despertó en mí, una esperanza que solo me atreví a acariciar. Era posible que mis fantasmas fueran realidades y no manifestaciones de un germen de locura.

Esta esperanza, una vez despertada, nunca se desvaneció y muy rápidamente se convirtió, aunque en secreto, en una fuerza que me impulsó a hacer un descubrimiento. Lo intenté, al principio, acompañado de todos los miembros de nuestro círculo; después, algunos abandonaron la investigación alejándose, satisfechos con lo que ya habían visto; otros por haber abandonado Inglaterra, y uno por haber atravesado la barrera que nos separa del mundo de los espíritus, de donde luego venía frecuentemente para llevar mensajes afectuosos y de aliento a sus antiguos compañeros de estudio, que poco a poco se abrían paso a tientas en la oscuridad. Intenté leer todo lo que pudiera tener relación con el Espiritismo y los fenómenos espíritas, la mayoría de los cuales eran terribles absurdos que me escandalizaron y disgustaron. Estas comunicaciones, que se suponía provenían de las esferas celestes, estaban en ciertos casos tan carentes de sentido común que me habrían hecho abandonar todos estos estudios, si algunos buenos amigos no hubieran venido en mi ayuda recomendándome las obras de Andrew Jackson Davis, Robert Dale Owen y otros, así como muchas revistas semanales bien orientadas. Uno de los "ángeles" que se comunicaba con la Tierra, recuerdo bien, informó que había una gran cantidad de vegetales en el cielo. En cuanto a las coles, crecieron tanto, eran tan grandes que superaban todo lo imaginable. No recuerdo el nombre del autor de la obra en la que leí esto; Creo que fue Pino y que la obra se titulaba *"Telegrafía Espírita."* Nunca volví a ver ese libro; probablemente no fue bien recibido y desapareció.

Las narraciones que leí sobre los fenómenos espíritas, por maravillosas e incomprensibles que fueran, no me interesaban tanto como las de la videncia. Me parecía que, de una forma u otra, tenía la clave para comprender esta facultad; y lo que leí de alguna manera coincidía con mi experiencia personal.

No entendí la visión que había tenido de los hombres y del camino oscuro, e incluso en los primeros días no pensé en la explicación; pero pensé que había mucho que aprender, pensé que encontraría una manera de llegar a una solución, que sobre todo debería comenzar desde el principio. Pero, ¿cuál era este principio? ¿Dónde estaba el punto de partida? ¿Cuál era el camino a seguir? Estas preguntas eran terriblemente inquietantes. Solo pude leer lo que llegó a mis manos. Teorías, filosofías, fenómenos, argumentos a favor o en contra del Espiritismo, denuncias amargas y violentas de un lado o del otro, pero especialmente contra las enseñanzas espíritas; persecución de médiums, engaños y desenmascaramientos, todo esto me avergonzó mucho.

Fue entonces cuando me animé a hablar con mis amigos, el señor y la señora F..., sobre los fantasmas del pasado, sobre mis experiencias en relación con aquellos "sueños", que tanto me habían hecho sufrir, y sobre el terror vago, pero observador, suspendido como una nube negra sobre mi juventud. Fue gracias a su amabilidad y a su ayuda que la nube se disipó y tuve el coraje necesario para repeler a los intrusos, quienes, derrotados, parecieron retroceder y terminaron desapareciendo. Mientras esta vaga perturbación se disolvía en las brumas del pasado, mi corazón permaneció, como dicen los franceses, como un pájaro cantor liberado de su cautiverio. Alentada me decidí y, en agradecimiento, decidí continuar con las investigaciones y experimentos que tenía libertad de hacer o no.

XI.-
Visitantes del otro mundo

"El Gran Espíritu, la Divinidad, siempre los emplea en su servicio para indicarnos su voluntad."

Longfellow

Hasta entonces nuestras sesiones seguían un curso regular; Estábamos interesados y distraídos con ellos, pero nunca preguntamos si alguno de nosotros tenía una facultad especial. El nombre de médium no era ciertamente envidiable, cuando, al fin y al cabo, yo era reconocida como el medio a través del cual se obtenían todos estos resultados, lo que no me satisfacía mucho, aunque no creía realmente en ello. Lo que sabía sobre los médiums lo aprendí de las historias de los periódicos, historias que no les eran favorables. Por lo tanto, el nombre de médium era para mí sinónimo de mago e impostor de la clase más baja, y de ninguna manera deseaba ser clasificada entre ellos. No hubo insistencia sobre este tema y nuestras sesiones continuaron como antes, hasta la noche en que, precisamente cuando nos sentábamos alrededor de la mesa, la conversación giró hacia la dificultad de obtener mensajes directos.

Habíamos probado el portapapeles con mayor o menor éxito, pero no cumplía con todos nuestros requisitos: el proceso era lento y la escritura no era clara. Alguien sugirió que, si realmente era un espíritu quien escribía, también podría hacerlo de la mano de uno de nosotros y sin ayuda de un portapapeles. Hicimos el experimento; sucesivamente cada uno tomó el lápiz en su mano derecha e, invitando al espíritu a escribir así, esperábamos con curiosidad el resultado de la experiencia. En muchos casos pudimos ver que los músculos del brazo y de la mano se tensaban y que los dedos, al sostener el lápiz, tenían agitaciones convulsivas. Pero, aparte de algunos garabatos, no pasó nada. Otros, al intentar escribir, no experimentaron ninguna sensación en el brazo o la mano e inmediatamente abandonaron el lápiz.

Cuando me llegó el turno, noté por primera vez contacto, escozor y una sensación dolorosa en el brazo, como la que se siente cuando te golpeas el codo; luego vino una sensación de entumecimiento que se extendió hasta las puntas de mis dedos. Mi mano se volvió completamente fría e insensible, y podía pellizcarla y morderla sin sentir ningún dolor. Después de unos momentos, comenzó a moverse lenta y laboriosamente, imitando los movimientos de alguien que escribía, haciendo repetidos intentos de formar palabras para luego terminar escribiendo con una letra muy pequeña y mala. Una nueva prueba confirmó un progreso real, pero las sensaciones que experimenté en mi brazo, además de dolorosas, fueron decididamente desagradables. Así que, a pesar de mi curiosidad, no me sentí molesta cuando tuve que parar, diciéndole al péndulo que ya era hora de suspender la sesión.

Las reuniones posteriores se dedicaron a experiencias del mismo tipo y no pasó mucho tiempo hasta que mi mano se volvió completamente experta en caligrafía.

Rápidamente llené páginas enteras con personajes distintos y bien formados, mientras hablábamos y recibíamos otro tipo de mensajes. Rápidamente observamos que la escritura presentaba personajes diferentes, de un momento a otro, y que no solo ella misma, sino también los sujetos, tenían su individualidad claramente acentuada.

Estos corresponsales invisibles rápidamente se volvieron familiares. Aprendimos a conocerlos por sus nombres y nos contaron algo sobre sus vidas. Uno de ellos, John Harrison, un inglés que había vivido en el condado de York, solitario, misántropo, con algunas ideas religiosas, mezcladas con pesimismo, nos escribió largos y detallados discursos, principalmente sobre temas religiosos.

Estos mensajes fueron recibidos cortésmente, pero debemos confesar que nos sentimos aliviados cuando uno de los otros escritores invisibles tomó posesión de la mano y el lápiz, especialmente Walter Tracy, un estadounidense cuya historia es la siguiente:

- "Había sido estudiante en la Escuela o Universidad de Yale y cuando estalló la guerra civil, habiéndose alistado como voluntario, participó en varios combates, de los que salió ileso, excepto por el hecho que se perdieron dos dedos por descuido en el manejo de la escopeta. Sus amigos querían verlo retomar sus estudios después de la guerra, pero esto no le agradó e intentó disuadirlos. Un accidente puso fin a la polémica y lo envió a otro mundo: se había ahogado en un lago mientras viajaba a bordo de un barco de vapor. Muchos pasajeros cayeron entonces al agua; sabía nadar, pero no tenía ninguna posibilidad de salvación entre aquellas pobres criaturas que se aferraban a él para no ahogarse y que además le hacían hundirse hasta el fondo."

Muchos años después conocí a un joven que también había sido estudiante en la Universidad de Yale. Lo que me contó sobre su vida coincidió en muchos aspectos con las historias de nuestro amigo sobre lugares, profesores, establecimientos y hábitos de los estudiantes. Según Walter, tenía unos veinte años cuando se alistó como voluntario y veintidós cuando se ahogó.

Walter rápidamente se convirtió en el favorito de nuestro grupo; parecía traernos una verdadera atmósfera de alegría, buen humor y vida; fue él, según nos contó, quien utilizó la mesa para acompañar la música y, tras conocerlo a través de la escritura, vimos que su forma de actuar encajaba con su carácter. Era tan curioso y lleno de interés en las experiencias como nosotros, y en muchas ocasiones sugirió nuevas ideas para instruirnos e iluminarnos. A veces le hacíamos preguntas que no sabía responder, pero luego, después de un momento de reflexión, escribía: "Voy a presentarle esto a alguien que conozco; quédate aquí hasta que yo venga."

Cuando regresaba, invariablemente nos daba la información que queríamos, aunque lo hacía de forma tan divertida que parecía más una broma que el tema serio sobre el que le habíamos consultado. La naturaleza ingeniosa de Walter fue una fuente de continuas distracciones; siempre fue bienvenido y recibido con alegría desde el primer signo de su letra grande y atrevida.

Una noche, respondiendo a una petición de información sobre un tema concreto, Walter confesó su incapacidad para iluminarnos, pero dijo que si era de nuestro agrado nos traería a otro. Este espíritu, al que llamó "Gobernador", probablemente nos enseñaría, si estuviéramos atentos a él, todo lo que quisiéramos saber. Y agregó: "Sobre todo, no lo traten como a mí. Necesitan usar guantes, ya que es muy formal."

Prometimos, naturalmente, observar mejor conducta y tratar a su amigo con el debido respeto, pero nos hizo cierta gracia esta censura indirecta, porque era seguro que no tratábamos a Walter con la delicadeza necesaria.

Este nuevo espíritu pronto nos mostró una individualidad muy diferente a la de Walter y John Harrison. El "Gobernador" se mostró serio y parco y; sin embargo, reflexivo y paciente; fue un sabio erudito, un amigo fiel y un ayudante infatigable. Han pasado veinte años desde la noche en que Walter nos lo presentó y desde entonces su amistad nunca ha faltado. En la enfermedad y en la salud, en la aflicción y en la calma, en la mala o en la buena fortuna, siempre fue amigable y de buenos consejos. Desde el principio fue un guía elegido, un guardián, un consejero y un mentor; nunca nos molestó con sus consejos, pero siempre estuvo dispuesto a darlos cuando se los pedimos, consejos que no siempre fueron fáciles de aceptar, porque a veces eran sumamente dolorosos, y aun tan contrarios a mis inclinaciones, que me negaba a seguirlos; debo; sin embargo, confesar que nunca dejé de lamentar amargamente mi terquedad.

Cuando seguí su consejo, confié en su sabiduría, todo salió bien; nunca se equivocó al diagnosticar una enfermedad, al describir hechos y teorías científicas, o al dar ciertos detalles sobre cosas posibles, pero que aun no eran conocidas por el mundo.

No comprendemos inmediatamente la grandeza de esta nueva inteligencia, que se comunica para nuestro bien; pero rápidamente sentimos que la recomendación de Walter era inútil, porque incluso sin ella nunca nos hubiéramos atrevido a tratar a Stafford como a un buen tipo, como lo hicimos con Walter.

Respondiendo a nuestra pregunta sobre su vida terrenal, Stafford nos dijo sucintamente que era hijo de un político estadounidense casado con una mujer alemana, y que gran parte de su educación había tenido lugar en Alemania. Se interesó por las ciencias naturales, fue estudioso, ambicioso de conocimientos, gran amante de los experimentos y apasionado investigador de todo lo que se refería al uso de las fuerzas naturales al servicio del hombre; Su carrera científica se vio truncada por un accidente que le obligó a permanecer en cama durante tres años, finalizando con su muerte.

Fue durante estos tres años cuando la cuestión de la supervivencia empezó a interesarle. Hasta entonces no se había preocupado por ello, considerando el tema como uno de esos que no pueden ser tratados de la misma manera que los problemas de

Matemáticas o de carácter científico. Para él, no había pruebas de la supervivencia después de la muerte, o solo había teorías sin pruebas y, por tanto, eran inútiles o poco interesantes.

Durante su larga reclusión, tras verse obligado a abandonar sus estudios, su cerebro, permaneciendo activo y analítico como antes, comenzó a estudiar y profundizar en el tema de las creencias religiosas. También fue impulsado a hacerlo por su madre, cuyos amorosos esfuerzos estaban encaminados a aliviar su disgusto, su desesperación al ver su trabajo y su vida destruidos de esta manera. Por tanto, por amor a su madre, buscó interesarse por la religión que ella profesaba y se sorprendió al ver lo poco que podía esperar de ella.

Consideraba la muerte con el interés y la ansiedad del experimentador, tratando de concebir el desarrollo o el resultado de un plan del que él había sido creador, de un plan apreciado como una teoría querida, pero apenas confesable.

Le gustaría tener pruebas – algo que buscó en todos sus estudios – y, para obtenerlas, esperó resignado, si no feliz, la muerte. Rindió el homenaje necesario y logró su fin. Murió y encontró la prueba, en las mismas proporciones que la había buscado en vida. Su inteligencia fue más libre, su amor por el estudio y su deseo de saber aumentaron, su capacidad de comprensión fue más clara y brillante, y sus simpatías humanas, hasta entonces comprimidas, ampliadas sin restricciones, le dieron el deseo de enseñar lo que, alguna vez, antes había querido aprender sobre ello.

He aquí, en resumen, lo que nos dijo de sí mismo:

- "No hagas preguntas sobre mi vida terrenal, nada descubrirás; no te di mi nombre completo, muchos de mis parientes aun viven y no deseo disgustarlos. Acepta mi narración, como tú me aceptaste. Es tan sincera como mi deseo de servirte."

Conforme a sus deseos, nunca hicimos preguntas, aunque tuvimos muchas oportunidades. Más de una observación, hecha incidentalmente en la discusión de un tema u otro, delataba su amistad personal con sabios de diferentes nacionalidades.

Posteriormente, nuestro círculo de amigos invisibles creció con la llegada de una pequeña niña española, que escribía mal en inglés, mezclando palabras en español; su escritura era enteramente fonética y sus expresiones eran las de una niña de siete u ocho años, llena de deseo e impetuosa. Nos contó que había muerto quemada, junto con su hermana mayor, en una iglesia de Santiago, y llamó a Walter un gran amigo, al que quería mucho. Imagino que sus afectos fueron caprichosos, porque inmediatamente se encariñó con uno de los miembros de nuestro círculo, a quien llamó Geórgio y le expresó sus preferencias. Desde entonces, pareció dedicar toda su atención a este amigo nuestro. Si Geórgio dejara de venir por algún motivo, Nínia también estaría ausente o se mostraría inconsolable. A menudo revelaba pequeños incidentes de la vida privada de Geórgio, que nos divertían mucho, pero no eran muy agradables para él. Nínia no sabía ser discreta.

– No deberías contar estas cosas, Nínia – dijo Geórgio severamente, un día en que nos describió una entrevista con cierta joven, de quien Nínia estaba muy celosa.

– ¿Por qué no, cuando es verdad? – Ella respondió.

– Es posible, pero no es agradable que una chica cuente estas historias y cuente a otros lo que quizás no les interese.

– No deberías hacer cosas de las que te avergüenza hablar – eso es lo que Stafford le enseñó a Nínia.

A pesar de su indiscreción, Nínia no nos permitió hacer observaciones serias sobre las acciones de Geórgio. Parecía que ella se reservaba el derecho de ser su mentora y consideraba que cualquier reflexión nuestra era una violación de sus derechos.

¡Pequeña amiga fiel! Unos años más tarde, la señora F... y yo hicimos un largo viaje para sentarnos junto a la cama de Geórgio, que estaba muriendo. Con tristeza terminé de escribir una carta bajo su dictado y la leí.

– Gracias – dijo –, eso vale de todos modos. Intentaré firmarlo. ¡Nínia...! Querida Nínia, ¡qué amable eres!

Lo miré ansiosamente, impresionada por su expresión feliz. Un sentimiento de felicidad apareció en su rostro.

– Querida Nínia, no te vayas – dijo con ojos suplicantes –.

Luego, al notar nuestro aire inquieto, añadió:

– ¡Querida niña...! Estoy cansado y voy a ver si puedo dormir un poco.

Cerrando los ojos, se quedó dormido con una sonrisa feliz, mostrando una expresión de paz en su rostro. Teníamos miedo que éste fuera su último sueño. Cuando despertó, lanzó una mirada ansiosa a su alrededor; luego, se detuvo para mirar el espacio, en el punto donde anteriormente había visto a su amiguita, y luego sonrió haciendo una pequeña señal de satisfacción. Pronunció su nombre muchas veces en las horas siguientes. "Ella se cansará de esperar tanto", dijo. Su espíritu nunca se distrajo de este pensamiento; sabía que le esperaba un gran cambio y la presencia de Nínia pareció darle valor. Nos habló con dulzura y tranquilidad durante la hora previa a su muerte, y sus últimas palabras fueron: "¡Querida Nínia, querida amiguita!"

A veces pienso en nuestras primeras experiencias, cuando, como neófitos, pensábamos que era inútil fomentar comunicaciones como las de Nínia. ¡Qué poco sabíamos, qué poco sospechábamos que el pequeño visitante invisible sería un día más precioso que todos los consuelos de la Iglesia y de los sacerdotes, animando e iluminando el camino de uno de los nuestros a través del valle de sombra y muerte!

Otro espíritu amigo también se hizo conocido y amado por nuestro pequeño círculo. Se llamaba Felícia Owen y era una joven inglesa, de unos veinte años, tranquila, sencilla y reservada, que se había educado en un colegio católico de Gales. Ella siempre escribía en versos muy armoniosos y puros, trayéndonos un soplo del cielo. Un día escribió estas palabras que regresaron a mí con una fuerza irresistible, mientras velaba junto al lecho del moribundo Geórgio:

Al morir, no creía que podría escuchar
una voz amiga, sentir la presión
De tu mano, cuando temblaba
En la playa del océano negro, abierto
Entre mí y la eternidad.
Y; sin embargo, esto era cierto.

Felícia no venía muy a menudo entre nosotros.

Quizás en nuestro círculo había almas bastante parecidas a la de esta tierna y tímida poetisa. Quizás esto también se debió a que, a pesar de mis reticencias, fui reconocida como médium y preferí tratar un tema que desconocía por completo. No tenía el más mínimo don para escribir y me molestaba escuchar a la gente decir que lo haría si lo intentara. Se sintió mucho más satisfecha cuando, por su naturaleza, las comunicaciones no daban motivos para sospechar que una joven menor de veinte años pudiera ser su autora.

A veces mi mano escribía rápida y constantemente durante dos horas, sin parar, mientras yo observaba el papel, cubierto poco a poco por la letra pequeña y apretada de Stafford o la letra ancha de Walter, y con la mano izquierda preparaba las nuevas hojas de papel necesarias. A veces leo las frases tal como fueron formadas por el lápiz; pero, generalmente, cuando me interesaba o apasionaba lo que iba a seguir, la escritura se volvía incoherente, se omitían palabras, otras se usaban mal y el significado se volvía ininteligible. Me dolían tanto el brazo y el hombro que casi me sentí mal; sin embargo, empezaba a valorar demasiado las comunicaciones, a no soportar estos inconvenientes con paciencia, e incluso con satisfacción. A través de las sensaciones de mi mano y mi brazo, pude distinguir muy rápidamente los diferentes espíritus, cada uno de los cuales parecía utilizar el lápiz de una manera diferente. Stafford me causó menos dolor que nadie, a pesar que escribió muchas veces durante un período de tiempo más largo.

En ciertas ocasiones, un extraño intentaba escribir en mi mano, pero inmediatamente lo descubría; otras veces la escritura venía de derecha a izquierda, como si el "poder" o la influencia operaran bajo mi mano. En este caso necesitábamos leer la escritura reflejada en un espejo. Nuestros visitantes más frecuentes eran los cinco que ya mencioné, excepto cuando, relajando nuestro exclusivismo, permitíamos que alguna persona extraña tomara parte en la sesión. Invariablemente había una nueva incorporación a nuestro círculo de espíritus. Walter hizo el papel de maestro de ceremonias y presentó al invitado invisible. De este modo recibimos muchas comunicaciones interesantes, porque frecuentemente sucedía que el asistente terrenal era un extraño para la mayoría de nosotros y no sabíamos nada sobre él ni sobre sus asuntos.

Estas visitas accidentales interrumpieron más o menos nuestros procesos habituales, pero no sabríamos decir si fue consecuencia de la llegada de nuevas influencias espirituales o de la curiosidad, que es bastante natural, o del escepticismo, que también es natural, de los nuevos asistentes. Algunas personas parecieron traer consigo un resurgimiento de fuerzas, y otras, con su sola presencia, paralizaron las manifestaciones.

Una señora que había pedido insistentemente ser admitida a nuestras reuniones, una vez obtuvo una invitación para asistir. Estábamos realizando una serie de experimentos exitosos y nos encontramos llenos de esperanza, porque nos habían prometido un fenómeno especial. Tomamos nuestros asientos habituales, con la extraña dama colocada frente a mí. Esperamos mucho tiempo y, para nuestra gran decepción, la mesa no daba señales de querer moverse y ni siquiera podíamos trazar una línea con lápiz. Cantamos y tocamos el piano inútilmente. Inútilmente cambiamos la ubicación de nuestros asientos y pedimos alguna señal de la presencia de nuestros amigos invisibles. No nos dieron ninguna señal. Todos se quejaban de sensaciones dolorosas, una especie de escozor y mordisco provenientes de diferentes puntos, y uno o dos de nosotros experimentamos la desagradable sensación de tener la cara y las manos cubiertas de telarañas. Finalmente, después de dos horas de espera, cancelamos la sesión, desesperados.

Al despedirse, respondiendo a nuestras expresiones de pesar por su fracaso, la señora dijo con aire de triunfo:

– ¿Sabes por qué tus espíritus no vinieron? Te lo diré. Le pedí a Dios sin cesar, durante toda la noche, que nos librara del poder de Satanás y detuviera sus manifestaciones mientras estuve aquí. No han tenido manifestaciones espirituales, y estén seguros que nunca las tendrán, si oran, como lo hice yo, para ser protegidos contra las tentaciones del espíritu maligno. Pueden estar seguros que estas manifestaciones provienen del diablo; de lo contrario, a pesar de mis oraciones, las habrían obtenido esta noche.

No encontré inmediatamente un argumento para responderle. Esta señora tenía hijas mayores que yo y era la esposa valiente, seria y activa de un pastor protestante, cuyas opiniones religiosas eran muy respetadas y que sentía que tenía el deber de vigilar la moral de las personas que conocía. Ella desconfiaba mucho de nuestras experiencias y no había dudado, en nuestras conversaciones sobre este asunto, en expresarme su convicción que estábamos siendo víctimas de las maquinaciones del diablo.

Por tanto, este primer fracaso en nuestros experimentos y la explicación que nos dio esta señora me disgustaron mucho, y con cierta consternación admití la idea de haber atraído entre nosotros a la majestad luciferina. Sin embargo, después de discutir los pros y los contras de las opiniones de la Sra. S... formulamos la frase:

"No probado", y decidimos continuar nuestros estudios y esperar nuevos desarrollos. No sabía entonces, como lo sé hoy, cuán poderosa puede ser la voluntad y cuán perjudicial puede ser un elemento antagónico para el éxito de estas experiencias. Tuvimos que aprender todo esto. Posteriormente pudimos responder con una sonrisa a las declaraciones de quienes consideraban tan grande al diablo y tan pequeño a Dios; entonces éramos novatos y nos intimidamos fácilmente.

Gracias a Dios tuvimos el coraje de continuar y cosechar una cosecha mayor.

XII.-
Ciencia y retratos de los espíritus

Desde los cielos, la Providencia en nuestro pecho,
Generosa, implantó nuestra voluntad
De cosas nuevas y extrañas buscando
Siempre vamos, sin tregua visitando
Las moradas sagradas de lo perfecto.
En el seno inagotable de la verdad.

A.Kenside

Una noche, no recuerdo por qué, nos encontramos en la oscuridad. La sesión había comenzado en pleno crepúsculo y, cuando llegó la noche, nadie propuso encender las luces. Cuando tuve la idea de mirar la parte más oscura de la habitación, me pareció ver allí una curiosa nebulosidad luminosa, perfectamente distinta en la oscuridad. La miré durante uno o dos minutos sin decir nada, preguntándome de dónde podría venir esto. Supuse que era algún reflejo de la farola, aunque nunca antes lo había notado.

Mientras miraba, la nube luminosa pareció condensarse, compactarse y, finalmente, tomar la forma de una niña, iluminada como por la luz del día, luz que no venía del exterior, sino del interior mismo, la oscuridad del habitación que sirve de fondo y resalta cada contorno y cada uno de los rasgos de la figura. Llamé la atención de los demás sobre esta extraña aparición y quedé muy sorprendida cuando declararon que no habían visto nada, ni a la niña ni a la nube.

- ¡Que extraño! – Dije –. Veo todo tan claramente que podría hacer un retrato de ello, si tuviera papel y lápiz.

– Aquí los tienes – dijo mi vecino más cercano.

Y, al recibir los objetos, me apresuré a dibujar la cabeza, los rasgos y los hombros de la pequeña visitante, que parecía entender muy bien lo que yo hacía.

– Creo que es Nínia – observé.

Y entonces la pequeña criatura hizo un animado signo afirmativo con la cabeza.

Comencé a reír y expresar el placer que estaba experimentando con mi trabajo, que veía con cierto orgullo.

– ¿No crees que es parecida? – Le pregunté al señor F... mi vecino.

– Es difícil juzgar en la oscuridad – respondió –. Encendamos la luz y luego veremos.

Fue entonces cuando recordé que estábamos en completa oscuridad, y pensé que había dormido y soñado con la niña luminosa y la semejanza de mi dibujo. Sostuve el papel con nerviosismo, temiendo que la luz de las velas cayera sobre una hoja en blanco. ¡Pero no! El dibujo estaba ahí; No había soñado. El rostro de Nínia nos sonreía en el papel, como me había sonreído a mí desde su rincón oscuro. Había captado sus rasgos con gran habilidad y estaba orgullosa de mi trabajo.

– Admito perfectamente que viste a la chica – observó alguien –, pero no puedo entender cómo pudiste dibujar su retrato en la oscuridad.

Yo mismo no podía entenderlo. Lo que sabía es que a mí no me había faltado la luz. Vi a la niña, el papel y el lápiz, sin pensar en nada más, y en ese breve momento no estaba segura de nada. Necesitaba mirar el dibujo para convencerme que no todo era un sueño.

Esta nueva etapa de mi mediumnidad fue para mí motivo de alegría y con ella creció mi interés por las sesiones nocturnas. Les pedimos a nuestros amigos espirituales que se posicionaran para ser retratados y nos sentamos armados de papel y lápices. Cuando llegó el verano, fue necesario poner sombra en las ventanas, y observamos que las formas luminosas eran más distintas cuanto más completa era la oscuridad de la habitación. Esa fue, al menos, mi opinión, porque los demás continuaron en su obstinada ceguera, sin advertir nunca la presencia de nuestros invitados.

Durante unos meses nuestro trabajo se limitó a crear estos retratos. A menudo podía dibujar muchas formas en una noche. Si un extraño asistía a nuestras sesiones, casi siempre aparecían espíritus extraños, cuyos retratos a veces podía tomar. En general, estos bocetos fueron inmediatamente reconocidos y reclamados por los amigos de estos espíritus. Me quedé con algunos que no fueron reconocidos. Stafford, Walter, John Harrison y Nínia fueron los primeros en dejarse retratar y sus retratos son mi tesoro más preciado.

La noticia de esta fase particular de mi mediumnidad pronto se difundió y me encontré muy molesta por las visitas y la correspondencia. De todas partes me pedían retratos de amigos perdidos, pensando que solo tendría que cerrar los ojos y emprender el trabajo para poder aportar dibujos. Llegaron cartas de diferentes países pidiendo mi ayuda, pidiendo enviar un retrato de un niño desaparecido. Intenté satisfacer a todos, pero, salvo raras excepciones, no lo logré.

Entre otras, recibí una carta de Egipto, enviada por un espírita húngaro, que solía, en sesiones en su casa, obtener comunicaciones de un hijo amado, ya fallecido.

"Mi hijo me dijo – escribió –, que si te enviaba un pequeño objeto que hubiera sido suyo, podría volverse visible para ti, dándote la posibilidad de retratarlo."

La carta iba acompañada de un pequeño pañuelo de seda, que mantuve en la mano durante la siguiente sesión. Esperé pacientemente el evento prometido, pero no vi nada durante mucho tiempo. Luego, el contorno de la figura de un soldado se dibujó débilmente sobre el fondo oscuro. No era lo que esperaba, pero a falta de algo más tracé apresuradamente el contorno de esta aparición. La figura; sin embargo, desapareció antes que pudiera hacer más y el dibujo quedó inacabado.

Durante muchas semanas sostuve el mismo pañuelo en las sesiones, pero no salió nada. Un día alguien me preguntó:

– ¿Sabes cuántos años tenía el hijo de ese hombre?

Lo ignoraba.

– ¿No es posible que sea ese joven soldado que empezaste a retratar?

No lo había pensado, siempre creí que era un niño. Por lo tanto, escribí al padre pidiéndole ciertos detalles, pero no obtuve respuesta y el retrato incompleto del joven soldado aun se conserva en mi álbum, hasta que sea reclamado.

Uno de los retratos dibujados en la oscuridad, se dedicaron aproximadamente 30 segundos a crearlo. Estos retratos no fueron buscados.

Mientras estaba ocupada retratando a los habitantes del otro mundo de esta manera, pensé en la imperfección de mi trabajo y decidí dedicar una o dos horas al día a dibujar, para poder desarrollar mi pequeño talento. Trabajé seriamente en esto durante muchos meses; pero, curiosamente, a medida que iba perfeccionando mi trabajo, mi capacidad para distinguir formas luminosas disminuyó. Finalmente, se convirtió en una rareza para mí obtener algún retrato, y este trabajo pareció afectar mis nervios, produciéndome un violento dolor de cabeza, que continuó durante uno o dos días después de la sesión. Decepcionada, me vi obligada a abandonar mis ensayos. En algunas ocasiones este don fue restablecido temporalmente, y pude retratar a los espíritus durante semanas; pero luego me sentí exhausta durante días enteros. Por eso, aunque siempre estaba en las sesiones con el material necesario, no tenía idea de utilizarlo.

En ese momento nuestro círculo sufrió algunos cambios. Muchos de sus miembros abandonaron la ciudad, otros se retiraron de Inglaterra y nuevos asistentes se habían reunido alrededor de la mesa. Solo quedó un pequeño número de antiguos asistentes que, desde el comienzo de nuestros experimentos, nunca abandonaron sus puestos.

Nuestros estudios entraron en una nueva etapa con la llegada de un nuevo visitante, impulsado por el deseo de obtener un retrato o, al menos, de estar presente en la ejecución de uno de mis dibujos. Era el señor Barkas, un hombre muy conocido, una auténtica celebridad. Tenía conocimientos variados, era amigo de las artes, un observador inteligente y concienzudo, teniendo un gran y filantrópico interés en el progreso de la clase trabajadora. Había fundado una galería artística, una sala de conferencias y una biblioteca en Newcastle, y no se cansaba de intentar todo lo posible para atraer la competencia y fomentar la educación. Además, dio frecuentes conferencias públicas sobre temas de actualidad. Estas disertaciones, por muy árido que fuera el tema, siempre fueron interesantes por la forma en que fueron escritas. Tan pronto como ocupó la tribuna, la gran sala de conferencias se llenó de un público atento e inteligente.

El señor Barkas, miembro de la Sociedad Geológica, era un espiritista. No buscó imponer a nadie su fe en la existencia de un mundo espiritual; pero, a pesar de su reserva, sus creencias eran bien conocidas por todos y, dada su calidad de hombre considerado, muchas veces lo ridiculizaban de manera poco agradable, lo que él recibía con inalterable buen humor.

Se convirtió en parte de nuestro pequeño grupo, con la esperanza de ver algo nuevo; pero, durante muchas sesiones, nada le satisfizo. Después de todo, de la nada, pude ver y hacer un retrato de una señora mayor que decía ser su pariente. Él; sin embargo, no la reconoció salvo por su forma de vestir, diciendo que podría ser la de su abuela, de quien tenía un muy vago recuerdo.

En una de estas sesiones, atento a lo que pudiera venir, el señor Barkas dijo que tenía intención de dar doce conferencias en un gran salón del barrio. De la conversación que siguió, entendí que estas conferencias tenían como objetivo difundir el conocimiento científico entre la gente. En el primero iba a tratar sobre la electricidad, sus usos y aplicaciones, o algo similar. Barkas expuso los puntos que intentaría demostrar a sus oyentes a través de experiencias prácticas. Habló de las diferentes teorías que se han emitido para explicar estos diversos fenómenos.

Durante esta conversación, que seguí atentamente, pero en silencio, sosteniendo un lápiz en la mano sobre una hoja de papel de dibujo, me dispuse a retratar al espíritu que se presentaba. Sentí que mi mano se enfriaba y se entumecía; luego el lápiz escribió y leímos estas palabras: "¿Puedo saber qué teorías en particular pretende apoyar y popularizar?"

– Esta pregunta va dirigida a mí, supongo – dijo el señor Barkas, mirándome con una sonrisa -. ¿Estás interesado en el tema?

– No... sí... no lo sé – respondí -. No soy yo quien te interroga, es Stafford.

– Bueno – dijo el señor Barkas –, si esto es de su interés, señor Stafford, hablaré con él de buena gana.

Siguió una larga explicación de las diferentes teorías, sus méritos y defectos, finalizando con una explicación del Sr. Barkas sobre sus opiniones personales y las razones que le llevaron a adoptarlas. Había tratado de seguir atentamente estos desarrollos, porque el expositor parecía dirigirse a mí, pero no tardé en perderles la pista, completamente confundido por la repetición de términos técnicos cuyo significado entendía tan bien como el hebreo.

Apenas terminó, mi mano escribió con claridad y resolución lo siguiente: "Estás engañado; mientras no avances más en tus experimentos, estos parecerán apoyar tu teoría; pero adelante, realiza los experimentos que, si me lo permites, deseo proponerte, y reconocerás que tus teorías ni siquiera merecen discusión."

– Parece que usted es muy fuerte en este asunto – dijo el señor Barkas –; quizás podrías instruirme en lugar de darme instrucciones sencillas.

– Sé poco – respondió Stafford –, pero he leído mucho y he experimentado mucho; por eso el tema siempre me interesa. Es posible que haya notado ciertas cosas que se me escaparon de su atención y viceversa, y me consideraré muy feliz si puedo ayudarle en algo.

Este cambio de roles fue ciertamente algo inesperado para nuestro amigo. Supongo que todos nos sentimos algo escandalizados por la fría superioridad de Stafford, porque a ninguno de nosotros se le ocurrió dudar del conocimiento científico del señor Barkas o de la exactitud de las teorías que apoyaba. Al mismo tiempo me sentí, aunque sin expresarlo, fuertemente inclinada a favor de Stafford y quería saber cómo trataría el honor en esta situación.

Me imagino que el mismo sentimiento preocupó a los demás miembros de nuestro grupo, porque cuando, después de tres horas de discusión, el señor Barkas le dijo a Stafford:

- "Bueno, amigo mío, seguiré tu consejo y elegiré otro tema para mi conferencia. Haré los experimentos que sugieres y veré qué resulta de ello."

Una gran satisfacción se notaba en los rostros y palabras de los asistentes.

Nuestras sesiones adquirieron un carácter completamente diferente después que se reconociera la competencia de Stafford en cuestiones científicas. El señor Barkas, sorprendido al ver su falta de ciencia, habló del tema a sus amigos quienes, si bien no se dejaron llevar por este hecho a interesarse por las manifestaciones espíritas, no sintieron menos curiosidad por ver a una "mujer joven, de educación vulgar", hablar competentemente de las ciencias naturales y señalar los sofismas contenidos en las proposiciones presentadas por los sabios. Estos señores pedían permiso para asistir a nuestras sesiones semanales y, por lo general, se presentaban con una larga lista de temas científicos, evidentemente enumerados para avergonzarme. Stafford parecía tranquilo y escribió:

– Estaré encantado de poder ofrecerle algún servicio; pero establezcamos orden en nuestro trabajo y estudiemos cada tema por turno.

– ¿Podrías decirnos cuáles te resultan más familiares?

– No soy un experto en ningún tema, pero, al igual que tú, he leído un poco de todo. Si me indicas los temas en los que deseas profundizar, te diré si estoy de humor o no para discutirlos.

- ¡Pues bien! Te proponemos que hables de luz.

– Muy bien, ¿y luego?

– El sonido, la acústica, la música, la armonía.

- ¿Y después?

– Si hablamos de todo esto, tememos abusar de vuestra paciencia; sin embargo, si este no es el caso, elegiremos otros temas.

Se inició entonces un debate que duró muchos meses. Como había sugerido Stafford, solo se aceptaron preguntas cuando estuvieran relacionadas con el tema del presente período de sesiones; sin embargo, sucedía que la discusión sobre el mismo asunto duraba a veces muchas noches, el interrogador, entre sesiones, mantenía correspondencia con los demás sabios del país, con el fin de verificar las explicaciones de Stafford y recoger, al mismo tiempo, materiales para presentar nuevas objeciones.

Por mi parte, no había mostrado mucho interés en estas discusiones, salvo el ardiente deseo que tenía de ver a Stafford mostrarse capaz de luchar con tantos hombres ilustrados deseosos, según me parecía, de demostrar su propia superioridad intelectual.. No entendía los términos técnicos que allí se utilizaban constantemente y a veces me preguntaba si los entendían mejor los interpelantes.

Generalmente, durante estas prolongadas sesiones, disfrutaba estudiando la apariencia de las diferentes personas sentadas alrededor de la mesa y meditando sobre la considerable cantidad de conocimientos que allí adquirían.

Uno de estos caballeros tenía la costumbre de cerrar los ojos, como si estuviera completamente absorto en algún problema científico importante. Una noche, mientras mi mano escribía una larguísima respuesta, escuchamos del lado de este pensador profundo un ronquido característico que me hizo reír, y tuve grandes dificultades para contenerme y seguir escribiendo.

Stafford solía responder así: "No lo sé, pero recibiré información y les traeré la respuesta." Luego se suspendió la escritura por algunos minutos; entonces, el lápiz empezó a moverse y respondió la pregunta.

A veces Walter o Nínia llenaban esos vacíos con sus observaciones jocosas o con reflexiones sobre la aridez del tema en discusión, maravillándose que encontráramos disfrute en ello. A veces también pude dibujar el retrato de algunos de nuestros visitantes espirituales, pero esto era raro. En general salí de las sesiones excesivamente aburrida y completamente agotada. Mi salud no era buena, los cuidados y las angustias domésticas me perjudicaban mucho, y si no hubiera sido por el inmenso interés que mostraba por estas sesiones, habría cedido a la tentación de abandonarlas por algún tiempo. Sin embargo, no tuve el valor de apagar las muchas esperanzas de mis amigos y resistí tanto como me lo permitieron mis fuerzas.

Los cuatro temas indicados anteriormente fueron objeto de debates durante mucho tiempo. Respecto al sonido, Stafford describió hasta el más mínimo detalle un dispositivo capaz de transmitir ondas sonoras a distancias ilimitadas; este dispositivo, afirmó, pronto será conocido en todo el mundo. Esta declaración fue recibida cortésmente, como era nuestra costumbre, y uno de los asistentes, hablando después del dispositivo, dijo: "Quien más vive, más cosas verá." No fue necesario vivir muchos años para ver el teléfono descrito por Stafford extendido por todo el mundo.

Otro invento, cuya aparición nos anunció, fue el de un aparato al que llamó: "Designógrafo", y cuya utilidad consistía en reproducir en una parte del Globo, mediante combinaciones eléctricas, los caracteres de escritura que una persona hacía en un papel colocado en la otra parte. De esta manera, los dibujos y planos podían transmitirse fielmente de un extremo al otro del mundo. Han pasado veinticinco años desde esta predicción, pero el dispositivo anunciado solo apareció en los últimos diez años, y aun no es conocido y aplicado de manera generalizada.[4]

– Mi querido Stafford – dijo una noche el señor Barkas –, ya hemos agotado todos nuestros conocimientos al interrogarlo. ¿No podría sugerir algún otro tema interesante para debatir?

– Depende de usted hacerlo – respondió Stafford.

– No conozco ningún tema que pueda ser de interés general – dijo el señor Barkas, con una sonrisa que me hizo pensar en mi vecino somnoliento –, pero cuento entre mis amigos con un Doctor

---

[4] Se trata, sin duda, de la telefotografía, que comenzó a desarrollarse en 1902, pero solo después de 1925 adquirió importancia práctica. (EH.)

en Medicina, que siempre está preguntándome para establecer relaciones con usted. Quizás tenga alguna pregunta de interés que proponerle.

– Seré feliz estando en compañía de cualquiera de tus amigos.

De esta manera, llegó el médico y eligió la Anatomía como objeto de conversación. La discusión duró una o dos noches y pareció despertar gran interés, con el médico y Stafford compitiendo en el uso de expresiones y términos latinos. Después de los huesos, se habló de los nervios, y luego Stafford parecía tener la ventaja. Una vez se detuvo abruptamente en medio de una frase y dijo:

- Espera un momento; Consultaré a uno de mis amigos sobre este punto; él lo sabe mejor que yo.

Durante media hora, Walter nos entretuvo imitando en broma al "Gobernador" y dando una disertación científica sobre las propiedades del aire, a la que llamó "oxihidronitroamoníaco." Cuando le preguntamos sobre el significado de esta palabra, nos dijo:

– Cuando trato temas científicos, prefiero usar nombres científicos – obviamente queriendo meterme en problemas con el médico cuya conversación era casi ininteligible para la mente común –, tal era su uso excesivo de términos técnicos.

Después de una ausencia de media hora, Stafford regresó lleno de información y reanudó la discusión sobre las funciones de ciertos nervios.

– Willis me dijo… – comenzó, cuando el médico, que estaba leyendo las palabras a medida que se iban formando en el papel, lo interrumpió bruscamente:

– ¿Willis? ¿Qué Willis? ¿Estás hablando del gran Dr. Willis, una autoridad reconocida en todo lo que concierne al sistema nervioso y su funcionamiento?

- Sí; creo que es considerado una autoridad y por eso lo consulté; me dijo que ciertos nervios del cerebro llevaban su nombre.

- ¡Admirable! – Gritó el médico; y me pareció que, a partir de ese momento, su respeto por Stafford creció extraordinariamente.

En cuanto a las cuestiones musicales, momentáneamente abandonadas porque no conocíamos a nadie lo suficientemente calificado para sostener una discusión, nos consideramos felices cuando despertamos el interés del Sr. William Rae, un organista distinguido y muy apreciado. Yo había formado parte de sus coros como discípula y le tenía mucho respeto y cariño. Como ya dije, nunca estudié música, tenía un interés muy superficial en ella y, por lo tanto, tal discusión no me prometía mucho disfrute.

Stafford afirmó que no era músico, pero que había leído algunos libros sobre teoría musical. Independientemente que fuera músico o no, inmediatamente demostró un conocimiento más profundo del tema que el del Sr. Rae, quien declaró que escribiría a algunos de sus amigos para conocer sus opiniones y consejos antes de volver a la discusión. Stafford estuvo de acuerdo, y la semana siguiente el señor Rae nos trajo una larga carta de Sir Jules Benedict, con explicaciones todas favorables a Stafford, en relación con las cuestiones discutidas.

Los temas de la música, la armonía, las diferentes formas de construir órganos y otros instrumentos musicales parecían interminables.

A pesar de mi natural deseo de ser cortés y condescendiente con mis buenos amigos que seguían esta discusión con tanto interés, comencé a sentirme terriblemente fatigada y mi salud, que nunca había sido buena, iba a arruinarse de repente, todo bajo la acción de los diferentes cuidados que pesaban sobre mis hombros.

Con toda probabilidad, Stafford vio que necesitaba descansar y, al final del año dedicado a los problemas científicos, declaró que era necesario interrumpirlos por un tiempo y que podíamos reanudarlos más tarde. Una de las materias de estudio propuestas – Química –, aun no había sido discutida por falta de un interlocutor suficientemente preparado en el tema.

El señor Barkas señaló que, si bien aprobaba la idea de Stafford de darme un poco de descanso, lamentaba mucho que este tema no se hubiera tratado antes, especialmente porque un químico muy conocido en ese momento, el señor T. Bell, lo había hecho. Simplemente pida seriamente una conferencia con Stafford. Esto; sin embargo, era inexorable; El señor Bell tuvo que esperar, ya que la salud del médium era más importante que la discusión de cualquier tema. Así que no había nada más que decir.

Barkas finalizó la serie de conferencias abordando experimentos psicológicos recientes. En esta última conferencia, sin declinar los nombres de los asistentes a nuestras sesiones, hizo público lo que llamó: "Respuestas extraordinarias dadas a cuestiones científicas por una joven de educación vulgar."

No me sentí halagada por este aprecio por mi educación, pero, superando el sentimiento de despecho que me hería, no pude menos que confesar que, en el ámbito de los temas tratados, mi educación era realmente muy limitada. Por tanto, no tenía ningún derecho a sentirme ofendida por la observación.

Todos los manuscritos de estas sesiones, aunque me pertenecían, estaban en posesión del señor Barkas para publicarlos resumidamente.

Después de su muerte, estos manuscritos me fueron devueltos, pero al mismo tiempo me pidieron que no los publicara y que no hiciera aparecer su nombre en estos asuntos. Por tanto, solo aludí a lo que él mismo publicó de nuestras sesiones o, al menos, a lo que ya era de dominio público.

XIII.-
Un destello de verdad

El conflicto del pasado con el presente,
Del ideal con la materia de nuestra vida,
La imagen de una pelea me trae a la mente:
Le diste al otro mundo una seria batalla.

Longfellow

Estas experiencias, que habían durado cuatro años con pequeñas interrupciones, estaban llegando a su fin. La muerte había asestado grandes y terribles golpes, y los seres más cercanos y queridos para mí se habían ido. La tierra de las sombras los había acogido sucesivamente y yo me había quedado sola. Me sentí angustiada y abatida; cuidados y preocupaciones de todo tipo pesaban sobre mis hombros, hasta tal punto que ya no podía soportarlos. Finalmente, un fuerte resfriado que cogí a finales de otoño pareció minar mi salud y afectar a mis pulmones. Mi médico, temeroso también de la presencia de un cáncer interno, me recomendó insistentemente que buscara un clima más templado si quería preservar mi vida.

Así, apática, indiferente y desesperada, viajé por las playas del Mediterráneo, sin interesarme por nada. Debilitada, agotada por mis preocupaciones y disgustos, la vida me parecía muy poca cosa y no esperaba nada más. El médico había dicho que, a menos que hubiera un cambio radical, solo me quedaría vivir poco tiempo, quizás tres o como máximo seis meses, y así fue como me hicieron partir hacia el sur, para ir allí a morir. Quería morir, mi vida iba a terminar; había perdido todo lo que la hacía preciosa; era mejor irse sin demora. Ya no tenía afectos sinceros, tenía pocos amigos y mi interés por el Espiritismo me había quitado el cariño de mi familia. Por lo tanto, me pareció que, realmente, esta vez la muerte no podía elegir mejor que herir a un ser inútil que no tenía ningún interés en la vida. La juventud; sin embargo, proporciona maravillosos recursos y la salud reviven rápidamente el amor a la existencia, adornando el futuro con colores brillantes.

Casi contra mi voluntad, disfruté sentir mis fuerzas renovadas haciendo que la sangre fluyera más rápidamente por mis venas, viendo mis nervios vibrar al unísono con el despertar de la Naturaleza, bajo ese brillante cielo austral. Desde mi lecho de enferma contemplé desde lejos la transformación del invierno en hermosa primavera y me pareció que, por primera vez en mi vida, concebía la belleza del Universo. El encanto del cielo, el aire, el verdor y los rayos del Sol me impregnaron de un nuevo significado. Extendí mis brazos a todo con el deseo de comprenderlo todo y unificarme con la Naturaleza. Sentí que una nueva vida entraba en mi alma, que de la tumba emergía la esperanza que creía enterrada para siempre, y con exaltada alegría me dije: "¡Qué bueno es vivir!" Y di gracias a Dios por este bendito regalo. Sin embargo, nada había cambiado en el ambiente en el que vivía; solo un rayo de Sol había traspasado las nubes amontonadas a mi alrededor y, en la pequeña abertura que había hecho, pude leer que la vida no era una cosa sin valor porque en ella había preocupaciones y disgustos.

A partir de ese momento, progresé rápidamente en la recuperación de mi salud. Con mis fuerzas físicas aumentando poco a poco, pude afrontar la vida con seriedad y, al mismo tiempo, mirar al pasado, sin descreer del futuro. Fue entonces cuando comprendí el verdadero fin del Espiritismo. Por extraño que parezca, a pesar de todas mis experiencias, nunca había aceptado la teoría espírita como explicación y conclusión indiscutible. Ningún miembro de nuestro pequeño grupo dejó de considerarse espírita, solo yo no me consideraba tal. Tal vez estaba muy dentro de mí, pero la diferencia entre las enseñanzas que había recibido en mi juventud y las de la nueva Doctrina era demasiado grande para poder conciliarla.

Me intimidaban las opiniones de algunos espiritistas confesos. Un día, hablando con un conocido partidario de la causa, hablamos de la vida y obra de Cristo. Con infinito disgusto para mí, llegó a dudar de la existencia del "Hijo del Hombre." Era un mito, una idea y no una individualidad. La existencia de una Divinidad también era impugnable, Dios era un espantapájaros para imponer a los débiles o un señuelo para los egoístas que se comprometían a servirle por miedo a las consecuencias o con vistas a alcanzar la salvación. Todo esto me parecía terrible.[5] Mi conciencia protestaba airadamente y no podía aceptar tales ideas. Leo mi Biblia con más atención que nunca, tratando de conciliar sus enseñanzas con las de los espíritus. Muchas veces allí encontré palabras de consuelo y de luz, y me aferré a ellas apasionadamente, como a una clave de estos misterios. Entonces, volvería a caer en mi abismo de desesperación, sin ver salida. Parecía que me había convertido en un ser doble, uno que se aferraba a las viejas doctrinas y las defendía en todos los puntos; el otro atacando, asediando y destruyendo toda resistencia, y luego dejándome débil y desanimado bajo el golpe de estas luchas internas.

Nadie se acercó para ayudarme o aconsejarme. Aquellos a quienes me dirigí ni siquiera quisieron discutir el tema y declararon que el Espiritismo era una obra diabólica. Otros, los agnósticos, como ellos se llamaban, aunque yo no entendía claramente el significado de esa palabra, abordaron estas cuestiones con calma filosófica y me aconsejaron que no me atormentara con estos estudios, ni que buscara solo lo que pudiera hacerme feliz, sin

---

[5] Y realmente lo fue, ya que esto no es lo que enseña el Espiritismo. (EH.)

importarle el resto. "Lo que existe, es", decían; ni mis creencias ni mis dudas podrían lograr ningún cambio en la faz del mundo. Luego volví a mis luchas internas, pero no podía aceptar la idea que las manifestaciones vinieran del diablo. El carácter de las comunicaciones de John Harrison o de la tierna Felícia Owen eran prueba absoluta de lo contrario. Los escritos sentenciosos y religiosos de John Harrison me conmovieron tanto como los sermones de nuestro antiguo pastor, y sus últimas palabras siempre fueron recibidas con un suspiro de alivio. Ciertamente, John Harrison no era más Satanás que nuestro antiguo pastor protestante.

Fue durante estas semanas de convalecencia, cuando el amor a la vida estaba echando nuevas raíces dentro de mí, que comencé a comprender y aceptar las enseñanzas de mis amigos espirituales. Realmente no sé cómo sucedió esto. Los días tranquilos que pasé a la sombra de los árboles, el verdor y bajo el inmenso cielo azul, y los rayos del Sol que se filtraban entre las hojas, todo ayudó a aclarar mi entendimiento. Ya no me encontré asaltada por todos lados por opiniones o controversias opuestas. Me encontré sola con la Naturaleza y, unidos, luchamos y avanzamos *pari passu* en el viejo terreno. Me pareció entonces que estas cosas, irreconciliables cuando se las veía a través de los lentes coloreados de las antiguas doctrinas, se volvían puras y armoniosas bajo la clara luz del cielo. Estudiadas solo en parte, estas enseñanzas no parecen estar relacionadas entre sí; pero, vistas en su conjunto, están estrechamente vinculadas y constituyen una verdad perfecta y gloriosa. Lo mismo ocurre con el color brillante del follaje otoñal. Aunque el tono verde contrasta fuertemente con el carmesí, estos dos colores están unidos por innumerables matices delicados, como sombras de color, y el follaje resulta así perfectamente armonioso.

De la misma manera, cuando consideré separadamente las enseñanzas de la Iglesia y las de los espíritus, no vi más que contrastes; y solo pude juzgar de la belleza y armonía que los unía, formando un todo perfecto y magnífico, cuando me fue dado, gracias a una intuición misteriosa, contemplarlos a través de un medio más transparente que los dogmas de las iglesias y los opiniones individuales de los profesores de estas muchas teorías de nombres que terminan en "ismos." De hecho, muchas cosas eran y siguen siendo inexplicables; pero comprendí que había encontrado la clave de un mundo nuevo, tan maravilloso, bañado por una luz tan pura y brillante que bastaba exponer mis dificultades a sus penetrantes rayos para que fueran inmediatamente explicadas.

XIV.-
Los sabios se vuelven espiritistas

"Realmente no hay mejor conocimiento que el adquirido a través del trabajo; todo lo demás no es más que un conocimiento hipotético, un tema que se debe discutir en las escuelas, algo que flota en las nubes, en un torbellino sin fin, que debemos intentar arreglar."

Carlyle

Cuando se ha hecho o se imagina que se ha hecho un gran descubrimiento, creo que nuestro primer impulso es difundir la noticia a nuestro alrededor, sin dudar que será acogido con pasión y tan apreciado por el resto del mundo como lo fue por nosotros.

Como ya hemos visto, muchos de los fenómenos espíritas me eran familiares desde hacía tres o más años; incluso desde mi niñez me había acostumbrado a algunos. Pero la fe en estas manifestaciones no necesariamente lo convierte en "espírita", aunque así se le dé a los creyentes en sus fenómenos. Hasta entonces no me gustaba que me llamaran "espiritista", término que me parecía inadecuado y sin significado apropiado. Creer en ciertos hechos que son claros para la inteligencia más común no constituye motivo para merecer esta clasificación, así como creer en la existencia de estrellas y planetas no da derecho a tener el título de astrónomo. De lo contrario, los mejores y más sinceros espíritas que he conocido no necesitaron, para establecer su fe, estas manifestaciones tan necesarias para los demás, facilitando sus primeros intentos de descubrir las leyes que vinculan el mundo espiritual con el material.

Conocí personas muy experimentadas en relación a los fenómenos espíritas, personas que tenían una fe inquebrantable en su origen espiritual y que; sin embargo, eran, si me atrevo a decirlo, creyentes materialistas en los fenómenos espíritas y no en el Espiritismo mismo, del cual no sabía nada. Respecto a estas personas, recuerdo una entrevista que tuve con dos señoras que querían conocerme. Ambas estaban en un país extraño y, al enterarse que yo era inglés y espiritista, me visitaron. Después de la cena, la conversación giró hacia el Espiritismo. Explicaron a mis demás invitados que sabían poco o nada sobre esta Doctrina, que eran espíritas desde hacía tres o cuatro años, que habían tenido sesiones con los mejores médiums, sin pagar ningún gasto y sin descuidar la más mínima condición para un estudio minucioso de investigación. Dijeron que eran verdaderas adivinas en el arte de descubrir médiums y agregaron que nunca dejaban de consultar con aquellos que habían conocido.

Desde ese punto de vista me sentí infinitamente reconocida porque desconocían que yo era médium.

– Pero – dijo uno de mis invitados –, aunque es muy interesante y extraño, no puedo descubrir la necesidad de este estudio. ¿Cómo puede hacer feliz a alguien saber que sus queridos amigos no tienen mejor ocupación en el otro mundo que hacer danzas en las mesas, hablar por la boca del médium, un inglés deficiente o aparecer como caricaturas en las sesiones de materialización? El espiritualismo de Cristo me parece mucho más hermoso, y satisface todas las necesidades de quienes creen en él.

- ¡Oh! sí – respondió el otro –, pero rechazamos todo eso; no creemos en la existencia de Cristo; deseamos algo más real y tangible que estas viejas leyendas. Ciertamente Cristo fue muy bueno y, para la antigüedad, sus enseñanzas fueron suficientes; pero nuestro tiempo necesita algo mejor.

El materialismo de estas señoras espíritas me parecía sumamente desalentador. Para ellos, "Espiritismo" significaba "fenómeno", y nada más. Su profesión de fe era una excusa muy conveniente para eximirlos de deberes religiosos, que consideraban gravosos, y les daba el derecho de asistir a sesiones a las que solo eran convocados los espiritistas. Pero más allá de eso, este término no tenía significado para ellas. Entre estos "iluminados seguidores" del Espiritismo y yo había poca o ninguna simpatía. Seguimos caminos diferentes y rara vez podemos encontrarnos. Pueden ser que siguen buscando buenos médiums, algo que no es muy fácil de encontrar en el país en el que viven.

No tenía idea que pudieran existir tales diferencias de opinión entre partidarios de la misma causa, y este descubrimiento me dejó perpleja. Quería proclamar la verdad de los hechos al mundo entero. Nunca se me había ocurrido que el mundo lo recibiría con menos satisfacción que yo. Pensé que me bastaría con hablar de este descubrimiento para comunicar mi satisfacción a mis oyentes. Sin embargo, mis declaraciones fueron recibidas en general con incredulidad. Me escucharon cortésmente, pero se negaron a creerme, a falta de una demostración evidente. Intenté regalarlo e hice un nuevo descubrimiento que pareció destruir mis hermosos planes para regenerar el mundo. Las manifestaciones que habían ocurrido durante mis años de experiencias, numerosas y más maravillosas que las demás, y sin ningún esfuerzo de mi parte, me parecían casi imposibles de obtener espontáneamente, como las había visto antes. El poder de escribir sobre temas científicos, que durante tantos meses había ocupado nuestro tiempo y atención, me parecía completamente aniquilado. Las preguntas que me hicieron recibieron respuestas tan absurdas que por un momento me sentí realmente irritada. La facultad de clarividencia, que rara vez me había faltado en nuestro pequeño círculo, terminó por volverse débil e incierta, y los movimientos de la mesa ya no tenían ningún significado, tan incoherentes que eran.

Estaba muy mal preparado, debido a la facilidad con la que anteriormente había obtenido estas manifestaciones, para soportar pacientemente todos estos fracasos. Por lo tanto, no sin cierto pesar contemplé el mal resultado de mi misión y comencé a comprender mi ignorancia de las leyes que gobiernan los fenómenos. Las personas con las que había experimentado anteriormente, ya fuera por casualidad o por buena suerte, estaban especialmente preparadas para este tipo de trabajo. Ahora que me encontraba privada del apoyo y la cooperación de mis amigos, el resultado de las demostraciones dependía solo de mí o de la ayuda incierta de experimentadores con opiniones diferentes y que poseían menos conocimientos sobre el tema que yo.

Reconocí que habíamos tenido éxito entonces y que habría logrado el mismo resultado si se hubieran dado las mismas condiciones que antes. Por eso mi trabajo fue doloroso y del que se habló mucho. Yo quería convertir al mundo y el mundo no quería convertirse; fue siguiendo su camino, sin poder imponerle una convicción que no pedía.

Al mismo tiempo, un ardor misionero se apoderó de mí, sin dejarme descanso. Imaginé, combiné planes para dar a conocer y propagar la realidad del mundo espiritual y los medios de comunicación con sus habitantes; todo; sin embargo, era inútil, ya fuera porque el mundo no quería saber nada, ya porque yo no tenía el poder de producir fenómenos que lo satisficieran. Nunca se me ocurrió la idea que alguien pudiera dudar de lo que dije sobre estos variados fenómenos; por eso me entristecía mucho que esta duda se revelara en un gesto significativo de ceño o en un movimiento de hombros, cuando la delicadeza de los oyentes me ahorraba sus comentarios.

Les expliqué las dificultades a mis amigos espirituales, les pedí consejo, y me dijeron que tuviera paciencia, que no buscara instruir a los demás antes que a mí misma, ni que intentara reformar el mundo o reconstruir la Iglesia, sino simplemente que cumpliera los trabajos dentro de mis posibilidades de la mejor manera posible.

Tratando de seguir este consejo, muchas veces me resultaba difícil saber cómo proceder cuando me encontraba entre personas que tenían el mayor interés por la causa espírita. Parecía que no debía negarles ayuda, aunque dudara de su profesión de fe. La situación era verdaderamente descorazonadora, y si no hubiera encontrado una o dos brillantes excepciones, es posible que mi coraje hubiera fallado.

Cuando mi salud se había recuperado en gran medida, gracias a mi estancia en el sur de Francia, fui a pasar unos meses en compañía del señor y la señora F... que entonces vivían en Suecia, y acompañé a varios amigos a Leipzig, donde, con la amable ayuda del Sr. James Burns, de Londres, entablé una relación con el famoso profesor Zöllner. Gracias al interés de este y de su mamá, mi estadía en Alemania fue una de las alentadoras excepciones que mencioné anteriormente.

En vísperas de mi regreso a Inglaterra, un hecho fortuito me obligó a ir con mis compañeros de viaje a Breslau, en lugar de seguir mi destino vía Hamburgo. Este cambio en mis proyectos no me resultó agradable, pues canceló muchos de ellos; pero, por deber de Humanidad, no podía abandonarlos en las circunstancias que se habían presentado.

Cuando el profesor Zöllner se enteró de este cambio de itinerario, hizo la siguiente observación:

– Tengo un amigo en Breslau, mi mejor amigo de la infancia, y hasta el día de hoy nuestras opiniones no han variado sobre ningún otro tema. Desafortunadamente, él nunca pudo tolerar mis ideas sobre el Espiritismo, y esta nube levantada entre nosotros destruyó en gran medida nuestra larga amistad. Sufro mucho por esto, pero no puedo renunciar a mi fe espiritista para satisfacer ni siquiera a mi mejor amigo. Lo que espero es que algún día sea más indulgente con mis ideas. Si pudieras convertirlo en espiritista, me prestarías el mayor servicio; no hay nada en el mundo que desee tanto.

– Bueno – respondí en tono de broma –, por dedicación a ti, lo haré espiritista. ¿Cómo se llama este amigo?

– Dr. Friese – respondió Zöllner, mientras el tren comenzaba a moverse.

El viaje fue largo y la noche fría. A consecuencia del repentino cambio de planes, mi equipaje había tomado otra dirección y solo llevé conmigo una parte insignificante de mi ropa; Por eso llegué enferma a Breslau y me vi obligada a guardar cama durante algunos días. Una mañana, sin previo aviso, un caballero entró en mis habitaciones. Solo pude escuchar la palabra "doctor", pronunciada por la criada que abrió la puerta; por lo tanto, naturalmente concluí que era algún médico aconsejado por mis compañeros de viaje, y procedí a describirle todos mis sufrimientos.

– Pero, querida señora, se equivoca; mi nombre es Friese.

– ¿No eres médico?

– Utilizo el título de médico, pero no soy médico. Vine a visitarle por recomendación de mi viejo amigo el profesor Zöllner, de Leipzig, de quien acabo de recibir una carta.

Realmente fue una sorpresa desagradable para mí. No sabía qué hacer o decir; me ardía la cara y solo quería esconderme debajo de las sábanas para llorar. Vio mi vergüenza, porque empezó a criticar el servicio del hotel, que consideraba mal hecho y muy incompleto. Le dije que sabía poco al respecto, pero que nadie se había preocupado realmente por mí desde mi llegada. Mis amigos me preguntaban todos los días cómo me sentía, si necesitaba algo y nada más. Como parecían no querer nada más que mantener la calma, se sometieron perfectamente a ese deseo.

Me imagino que el lenguaje del Dr. Friese era muy enérgico y no puedo repetir los términos que usó porque no sé alemán; el efecto; sin embargo, fue maravilloso.

En las horas siguientes ya no hubo la más mínima falta de atención hacia mí. Después, el médico regresó a mi habitación en compañía de un médico y del dueño del hotel. Discutieron la posibilidad de transportarme a la residencia del Dr. Friese; pero el dueño del hotel protestó, declarando que a partir de ahora ya no habría ninguna falta de atención hacia mí por parte del personal del hotel. Supuse que la otra señora, que había llegado conmigo, había hecho todo lo necesario; de lo contrario, no me habrían olvidado.

En mi opinión, hicieron mucho ruido por muy poco, y les pedí que no se molestaran tanto por mí. Finalmente, el asunto terminó. Decidí quedarme en Breslau hasta que estuviera en condiciones de regresar a Inglaterra. Mis compañeros estaban deseosos de continuar su viaje y partieron a la mañana siguiente.

Como el Dr. Friese y su hermana insistieron en que viviera en su casa hasta mi completa recuperación, decidí aceptar. El invierno fue largo y lluvioso y no pude librarme fácilmente del frío que había contraído, por lo que mi estancia en Breslau fue muy larga.

El Dr. Friese era uno de los hombres más metódicos que jamás había conocido; por lo tanto, como decidí regresar a Inglaterra solo después del invierno, organizó un plan para mis ocupaciones y estudios diarios. También debo decir que el Dr. Friese fue un pintor consumado y un músico entusiasta, pero sobre todo fue un maestro. No creo que, bajo ninguna circunstancia, pudiera reprimir su inclinación a dar instrucción a los jóvenes que le habían sido confiados. Inmediatamente declaró que era necesario corregir los defectos de mi educación, y él mismo se encargó de ello mediante severas normas, que yo debía obedecer humildemente. Y no solo estableció las reglas, sino que también quiso que se cumplieran puntualmente; no había forma de escapar y nadie pensó en ello. Su vida estaba regulada como un reloj, al igual que la de todos los de su casa. Estas son las reglas que me impuso:

- A las 7:30 – me levanto, me ducho y hago el aseo, ayudado por una criada;

- A las 8:00 – desayuno;

- De 9:00 a 11:00 – dibujar o pintar;

- De 11:00 a 12:30 – paseos a pie o en trineo; generalmente me acompañaba en este último ejercicio y empujaba mi trineo;

- De 12:30 a 13:00 – descanso;

- De 13:00 a 14:00 horas – almuerzo;

- De 14:00 a 16:00 – dibujo o pintura;

- De 16:00 a 17:00 – caminar, si hace buen tiempo; en caso contrario, realizar mi correspondencia;

- De 17:00 a 18:30 – tomar té o leer lecturas breves en alemán;

- De 18:30 a 22:00 – asistir a un concierto o espectáculo, si lo hubiera, o hablar sobre el Espiritismo;

- A las 22:30 – beber leche con un sándwich;

- A las 23:00 – Me acosté, sin ninguna excusa para quedarme de pie.

Los días pasaban así y, además de no lograr nada, me rebelaba contra esa monotonía. Finalmente, una semana de lluvia y nieve incesantes llegó antes de nuestros paseos diarios, y un período de tiempo, en el que no hubo óperas ni conciertos, me liberó de lo que empezaba a ser un purgatorio para mí. El médico parecía decidido a cultivar mi gusto musical, a pesar de mi objeción que no se podía cultivar lo que no existía. No aceptaron ninguna excusa y tuve que ir al concierto o a la ópera. Iba a la ópera con satisfacción, pero solo asistía a conciertos musicales con mala voluntad disimulada.

En las noches de abstinencia musical, pasábamos el tiempo discutiendo sobre el Espiritismo y probando experimentos, que eran admirablemente felices cuando estábamos solos o en compañía de uno o dos amigos.

El Dr. Friese estaba muy interesado en la escritura automática y, a pesar de su pasión por la música, finalmente accedió a mi petición de pasar unas noches escribiendo, en lugar de ir a conciertos de música.

XV.-
Conversiones y más conversiones

"Pero la ignorancia y los prejuicios humanos deben desaparecer, y entonces la Ciencia y la Religión combinarán sus rayos en un magnífico arco iris de luz, uniendo los cielos a la tierra y la tierra a los cielos."

Prof. Hitchcock

No es necesario contar aquí las largas discusiones que tuvimos sobre el Espiritismo, ni las numerosas cuestiones planteadas a los espíritus, que, en la mayoría de los casos, fueron resueltas por Stafford. No importaba si estaban expresadas en alemán o en inglés, las respuestas escritas en mi mano eran igualmente concisas, lógicas y exactas. Parecía haber una lucha intelectual entre el Dr. Friese y Stafford. Recuerdo que una noche, después de algunas horas de discusión, mientras el reloj daba la medianoche, el médico anunció de repente que había olvidado su precisión habitual y que ni siquiera se había acordado de comer su sándwich y enviarme a mi habitación.

Este hecho extraordinario le dolió y declaró:

– Esto no debe volver a suceder nunca más.

En los días siguientes lo encontré pensativo, muy distraído, soltando un mal dibujo que había hecho, sin corregirlo ni criticarlo severamente, como era su invariable costumbre.

La noche siguiente, al verlo caminar por su habitación, le pregunté si estaba enfermo, a lo que respondió:

– Me siento bien, pero estoy muy preocupado.

Yo también comencé a sentirme preocupada y me preguntaba cómo podía ayudarlo. Él; sin embargo, se negó a interrogar nuevamente a los espíritus o incluso a discutir el asunto conmigo. Esto me hizo temer que no le hubiera gustado esto.

Estaba estudiando y me asustaba pensar en la promesa que le había hecho, un poco en broma, al profesor Zöllner. No solo no pude cumplir mi promesa, sino que también, sin duda, había profundizado el abismo que separaba a los dos amigos, en lugar de hacerlo desaparecer.

Estábamos en el tercer día de este extraño silencio, que se estaba volviendo casi intolerable, cuando el médico me dijo que hiciera mis estudios sola, ya que se veía obligado a pasar muchas horas en la Universidad, donde iba a dar una conferencia.

Eran las diez cuando regresó y me invitó a quedarme unos minutos en el salón. Inmediatamente me sorprendió esta invitación:

– ¿Sabes lo que acabo de hacer? – Me preguntó, apenas entré a la habitación.

- No.

– ¿Ni siquiera puedes adivinarlo?

- No.

Y comencé a asustarme por lo que podría haber pasado.

– Lo diré. Esta noche declaré públicamente que soy espírita y presenté mi renuncia como profesor de la Universidad.

Me sorprendió demasiado que me permitieran hacer observaciones al respecto y lo lamenté. Es cierto que había hecho todo lo posible para convencerlo de la verdad de las enseñanzas espíritas, pero nunca se me había ocurrido que este hecho pudiera tener tal consecuencia; así que, a pesar de mi satisfacción, experimenté cierto arrepentimiento por el sacrificio realizado.

– ¿Pero necesitabas dimitir? - Le pregunté.

– Sí. En el ejercicio de mi cargo, estaba obligado a defender las enseñanzas de la Iglesia y a castigar las herejías y errores que allí aparecieran. Como espírita no podía hacer esto; por tanto, era un deber de honestidad presentar mi renuncia.

– Pero ¿qué necesidad tenía usted de declararse públicamente espírita?

Me sentí avergonzada por mi pregunta, y más aun cuando él respondió con severidad:

– También puedes preguntarme si esto fuera necesario: ¿Qué harías en mi caso?

Sabía que haría lo mismo o, si fuera necesario, habría hecho aun más. No hubo sacrificio que no aceptara por amor a la causa espírita, pero no pude menos que deplorar lo que había hecho el médico, aunque esperaba que el conocimiento de la verdad lo compensara ampliamente.

Mi primer trabajo a la mañana siguiente fue escribir al profesor Zöllner, enviándole un periódico con la sorprendente noticia del despido del Dr. Friese y los comentarios de la prensa... nada halagadores, debemos confesar. La respuesta fue la llegada del propio profesor, que había tomado el primer tren a Breslau.

El encuentro entre los dos amigos fue conmovedor. Ambos ya no eran jóvenes, aunque el doctor Friese era mayor; pero, en la alegría de su encuentro y reconciliación, parecían dos niños. Estaban tan dominados por sus nuevos y comunes intereses que me recordaron perfectamente el momento en que recibí la luz y cuando soñé con llevar la buena nueva a todos mis hermanos en la Humanidad. Y, como yo entonces, empezaron a fantasear con castillos. Iban a escribir libros y dar conferencias. Sus nombres y reputación les darían acceso entre todas las clases sociales, y esta buena noticia sería aceptada con entusiasmo, porque la llevarían ellos. Los oí exponer sus ardientes proyectos y sentí revivir mis esperanzas. No había podido hacerme oír porque no era una entidad; con ellos; sin embargo, el caso sería diferente. Eran hombres sabios de reputación consolidada, cuyas palabras serían escuchadas con atención y respeto, cuyas opiniones serían adoptadas, porque eran conocidos como investigadores concienzudos, que solo afirmaban lo que podían demostrar. Eran hombres cuyos libros serían aceptados como altamente educativos en todos sus puntos, hombres cuyas conclusiones serían recibidas como definitivas; de hecho, eran autoridades de las que nadie se atrevía a discutir ni a dudar.

Estos pocos días que pasaron juntos fueron sin duda muy felices para los dos amigos; fueron un oasis de descanso antes de enfrentar nuevamente la tormenta. No estoy segura de si todavía se encontraron en la Tierra después de eso, pero puedo asegurarles que sus intereses nunca volvieron a separarse.

Como yo, vieron que el mundo era recalcitrante ante las nuevas enseñanzas, y que ni siquiera "sus nombres" bastaban para convencerlo que tanta buena voluntad en favor de la Humanidad era desinteresada. Ambos fueron infatigables en sus esfuerzos y, hasta el final, perseveraron en la causa por la que lo habían sacrificado todo. Algún día las universidades de Leipzig y Breslau estarán orgullosas de los nombres de estos hombres, guerrilleros que se alejaron de ellos para defender una causa despreciada, sacrificando y sufriendo todo para obedecer a ese mismo espíritu que animó a los primeros cristianos, y que los hizo fieles hasta la muerte.

En Inglaterra, donde la libertad de pensamiento no solo es tolerada, sino incluso fomentada en todas las clases, es difícil comprender la posición de estos hombres que, en el país de Lutero, necesitaban retirarse de la Iglesia para defender sus opiniones.

Si se hubieran vuelto ateos o materialistas, nadie los habría molestado; pero presentar ideas diferentes a las del clero sobre los medios de salvación era motivo para caer en total desprecio. En cuanto a la publicación de estas doctrinas, constituyó un delito atroz, merecedor de los mayores castigos. Comprendo que, luchando por el Espiritismo y buscando enseñar sus grandes verdades, estos hombres se dieron cuenta muy pronto que habían emprendido una tarea ingrata. Envejecieron antes de tiempo y sus vidas fueron truncadas.

Unos años más tarde supe con disgusto que el profesor Zöllner había conquistado la cruz del martirio y se había ido al país de las sombras. Para él la partida fue una alegría, pero no pasó lo mismo con muchos de sus conciudadanos y compañeros de trabajo, quienes perdieron en él un valioso apoyo. Sin embargo, aunque ya no esté aquí, sus obras permanecieron y luego serán consideradas en su justo valor cuando una generación de hombres más avanzados viva en su país.

En la ocasión a que me refiero, los dos amigos saborearon la renovación de su cariño y, felices de gozar de la dulzura presente, no se preocuparon por lo que les depararía el futuro.

Durante la visita del profesor Zöllner, la casa del Dr. Friese fue invadida por muchas personas que acudieron ansiosas para enterarse de los últimos acontecimientos. Como un relámpago, la noticia se había extendido entre los estudiantes y circulaban las historias más extraordinarias. Muchos imaginaban que el médico tenía a su disposición un batallón de espíritus para realizar milagros y trucos, curar a los enfermos y dar información sobre amigos desaparecidos o cualquier otra cosa.

– ¿Qué debería decirles a toda esta gente? – Preguntó un día –. Parecen ignorar que el Espiritismo no es sinónimo de brujería o magia negra.

De hecho, fue difícil responder a todas las preguntas y no pude ayudarlo porque mi ignorancia del idioma alemán era una verdadera barrera. En los primeros días, este hecho pareció reducir mi utilidad, pero el médico luego notó que era mejor así... Habría muerto de fatiga, si hubiera tenido que responder a todas las preguntas de los extraños que se empujaban en la habitación..

Entre los amigos íntimos del médico había un caballero al que llamaré señor X... y que gozaba de fama de ser el hombre más vigoroso de Silesia. Estaba aparentemente orgulloso de esto y pasaba la mayor parte de su tiempo ejercitándose como atleta, alardeando de sus hazañas frente al médico, quien siempre lo escuchaba con buen humor.

– Por muy fuerte que seas – le dijo un día el médico –, no creo que puedas sostener la mesa cuando Walter quiere levantarla.

- ¿Hablas en serio? Bueno, querido señor, si Walter no se opone, cumpliré sus órdenes. Realmente quiero encontrar un espíritu o un hombre al que no pueda vencer; es una cuestión de fuerza.

– ¿Quieres hacer el experimento? – me preguntó el doctor –. No estaría mal bajar un poco la vanidad de este chico.

No puse objeciones y me senté al final de una mesa ovalada, esperando lo que pudiera pasar. Para mi gran sorpresa, el Sr. al ver que la mesa no hacía ningún intento de moverse, consideré inútiles todos estos preparativos y no dejé de mirar con curiosidad al Sr. Los músculos de sus brazos se tensaron en su tensión más extrema y gotas de sudor corrieron por su frente; tenía las venas hinchadas, parecía que estaba ejerciendo todas sus fuerzas... y la mesa no se movía. De vez en cuando suspendía su trabajo para secarse la cara. Luego la mesa daba pequeños saltos rápidos que obligaban al Sr. X... a regresar inmediatamente a su puesto. Por tanto, redobló sus esfuerzos, después de haber saltado sobre la mesa como un gato sobre el ratón que se le escapaba.

Esto duró aproximadamente media hora; a excepción de las pequeñas señales de vida ya mencionadas, la mesa permaneció impasible. Cuando expiró este plazo, el Sr. X... se puso de pie y, secándose la cara y el cuello, observó que los espíritus solo querían jugar.

Me sentí decepcionada y supuse, por la expresión del médico, que él también sentía cierto disgusto.

En ese momento, la mesa comenzó a moverse y balancearse ligeramente; al ver esto, el Sr. la fuerza utilizada por el Sr. el espectáculo de Hércules luchando con una mesa fue tan profundamente cómico que me hizo estallar en carcajadas. Después de todo, se enojó.

– ¡Es una verdadera trampa! – Gritó enojado –. ¡Esto no es decente!

– ¿De qué trampa estás hablando? ¿Eso no es decente? – Le preguntó el médico.

– Fue solo una broma que Walter me hizo. Me cansó antes que comenzara la pelea y eso no es una prueba de fuerza. Usted cree, sin duda, que me golpearon – añadió con aire sospechoso –, pero protesto contra esta forma de luchar. Si Walter quiere seguir buenas reglas, le garantizo que aseguraré la mesa a pesar de sus deseos; sin embargo, ya no quiero operar en estas condiciones.

Su indignación tenía un carácter tan burlesco que apenas podíamos contener las risas y las bromas.

- Sr. sus fuerzas antes de iniciar la lucha en la que fue derrotado.

Este hecho me ha impresionado a menudo; es admirable la diversidad de manifestaciones necesarias para producir una fuerte impresión en diferentes temperamentos. Algunas personas no encontrarán digno de atención el "hecho" que todas las sillas y mesas de una casa se muevan por sí solas; otros verán pasar, con la mayor indiferencia, ante sus ojos todas las formas materializadas que pueden producirse; y otros mirarán con desprecio todos los escritos inspirados por los espíritus.

El hombre que se muestra indiferente a los pensamientos más bellos expresados por nuestros amigos espirituales puede sentirse angustiado o lleno de respeto cuando una mesa, al moverse, casi le rompe el brazo o lo arrincona. Otro, sin ninguna fe, creerá, cuando le digan que la Luna es un queso enorme, si, a su petición, se le hacen nudos en un anillo de hilo, sin que quede ningún rastro de discontinuidad. Esto no quiere decir que todas estas personas se conviertan en espiritistas en el verdadero sentido de la palabra. Creer en la realidad de los fenómenos espíritas no es lo mismo que ser espírita.

El Dr. Friese, luego de ser entrevistado por sus amigos, se puso a trabajar y comenzó a escribir su primera obra sobre el Espiritismo. Este libro se publicó en Leipzig con el título *Jenseits des Grabes*. Poco después publicó otra obra más voluminosa: *Stimmen aus dem Reich der Geister*, que debió su origen principalmente a las comunicaciones de Stafford y Walter. Fue con verdadera angustia que nos separamos para seguir caminos diferentes. Continuó sus estudios sobre este apasionante tema y publicó otros libros, mientras yo regresaba a Inglaterra, buscando, si era posible, empleo para mi lápiz. Durante estos meses de trabajo bajo la dirección del médico, había progresado mucho en el arte del dibujo, al menos así lo creía, imaginando que había encontrado una ocupación rentable. Debo; sin embargo, confesar que los demás no compartían mi opinión, ya que los bocetos de los que estaba más orgullosa solo suscitaban esta observación: "Supongo que este dibujo está destinado a ser visto desde lejos", observación hecha por un amigo cuya crítica que había solicitado.

Al principio me sentí muy desanimada y a punto de perder toda esperanza de convertirme en artista, ya que no consideraba mi lápiz más que un pasatiempo agradable; pero después me impusieron otro trabajo. El espíritu misionero una vez más se apoderó de mí y, como en mis relaciones había muchas personas deseosas de avanzar en la causa, encontré entre ellos apoyo y buenos consejos.

XVI.-
Nuevas manifestaciones

"Hay un misterio en todas las cosas y en todos los seres: en las estrellas y los átomos, en el océano y la gota de agua, en el árbol y la flor, en el animal y el gusano, en el hombre y el ángel, en la Biblia y Dios. No hay mundo en el que no haya misterio."

Dr. Davies

Formé un grupo de doce a quince personas, entre las que se encontraban mis viejos amigos, el señor y la señora F..., y otros dos compañeros de nuestras primeras experiencias. Para comodidad de estas diferentes personas, que vivían en cuadras remotas de la ciudad, se decidió que las reuniones se llevarían a cabo en mi estudio de pintura, ya que era más fácil de acceder para todos. Las reuniones debían celebrarse dos veces por semana.

Teníamos un gran deseo de cultivar el arte de retratar a los espíritus, actividad en la que yo entonces era más hábil, esperando realizar, en condiciones favorables, bocetos en color. Eso es lo que intenté con éxito una o dos veces; pero mi capacidad de ver claramente a los espíritus, como sería de desear en este trabajo, era muy intermitente y daba lugar a frecuentes decepciones. Es cierto que, a pesar de todo, obtuvimos retratos invariablemente reconocidos. Muchos de ellos pronto fueron fotografiados, pero los originales quedaron en manos de amigos, que los afirmaban como retratos de sus familiares fallecidos. A menudo me arrepentí de haber regalado algunos antes de fotografiarlos; en resumen, solo conservé los raros originales que no fueron reclamados. Casi todos estos retratos estaban dispersos por diferentes partes del mundo.

También intentamos leer cartas cerradas y selladas, siendo la primera un gran éxito. Podía ver claramente la escritura de la carta, pero tenía que atender a los pliegues del papel, ya que me exigían que colocara la carta en diferentes posiciones para poder seguir las líneas.

La carta estaba encerrada en siete sobres cerrados, uno dentro de otro, y escrita en un idioma desconocido para mí, de modo que tuve que deletrearla en voz alta, palabra por palabra, para que uno de mis compañeros la escribiera allí bajo mi dictado..

En otra ocasión me dieron una carta para leer, pero no pude leerla, a pesar de intentarlo varias veces. Finalmente, volviendo a la carta, reconocí que su contenido era claramente visible para mí, pero estaba escrita en una lengua extranjera, en sueco, y me vi obligado a copiarla palabra por palabra sin entender su significado. Al principio, esperé ansiosamente a que abrieran las cartas para asegurarme de haber visto realmente el escrito en cuestión; pero, como nunca me equivoqué, al final no tuve nada que temer: sabía que lo había leído a través del sobre cerrado.

Esta facultad también fue variable. De las dos cartas que me dieron para leer, la primera parecía clara y distinta, como si acabara de ser dibujada ante mis ojos, mientras que la segunda me resultaba completamente impenetrable. Una o dos veces guardé conmigo estas cartas, para ver si de un momento a otro podía descifrar su contenido oculto. También en algunos casos, después de tenerlos conmigo durante algún tiempo, pude ver a través del sobre y leerlos, aunque con dificultad, a menudo teniendo que adivinar las palabras. El papel casi siempre me parecía empañado y a veces completamente negro, haciéndome imposible distinguir las palabras.

Es incomprensible la particular aversión que sentía hacia estas cartas, una aversión que a menudo rayaba en el horror. Odiaba su contacto y después sentí un deseo instintivo de lavarme las manos. Fue en vano que intenté combatir este sentimiento, que a menudo disminuía la fuerza de mis facultades.

Todo el bochorno fue perjudicial para su ejercicio. Muchas veces me decía a mí misma: "Quiero leer la carta para llamar a este hombre a nuestra causa", no porque simpatizara personalmente con su autor, sino porque su posición social y su influencia lo convertían en un seguidor suyo deseable, o porque su obstinado escepticismo despertó en mí un sentimiento de antagonismo. Quería demostrar que tenía razón en mis afirmaciones y que el hecho podía suceder. Sin embargo, recuerdo que, en tales condiciones, nunca tuve éxito. Otras veces, las cartas escritas por extraños que nunca había conocido eran muy claras para mí.

Si bien el ejercicio de esta facultad despertó gran interés en nuestro grupo, entre nosotros causó mucha molestia, debido a los comentarios de los enemigos del Espiritismo, quienes no dudaron en atribuir todo a un engaño. Aunque nuestra intención era mantener estas cosas en secreto, pronto vimos que era muy difícil. La gente se presentaba constantemente, aprovechando su parentesco con uno de nosotros, para poder acceder a nuestras sesiones. Es cierto que desde aquellos días comenzó la amistad de personas a las que tengo gran estima; pero, naturalmente, también recuerdo perfectamente a aquellos que no eran mis amigos. Al menos yo no los consideraba así hasta que Stafford me dijo que los enemigos nos eran más útiles que los amigos, porque descubren y proclaman nuestros defectos, al mismo tiempo que ignoran u ocultan nuestras virtudes, y al hacerlo nos muestran claramente el camino hacia el progreso.

Los amigos, por el contrario, ensalzan nuestras virtudes y ocultan nuestros defectos.

Creo que esto es cierto, pero creo que la mayoría de la gente prefiere los amigos a los enemigos, aunque éstos a veces sean necesarios, como la medicina que debe curar. Sin embargo, no me gustaba la medicina, como tampoco me gustan mis enemigos hoy, a pesar de las sabias enseñanzas de Stafford. No culpo a los anti espíritas, pero soy feliz cuando puedo convencer a uno de ellos; Culpo al hombre que rechaza algo por incomprensible, cuando personalmente no ha tenido ninguna experiencia para conocerla. Para mí, el hombre que, sin haber experimentado ni estudiado nada, duda de las afirmaciones de quienes dedicaron tanto tiempo a cuidadosas investigaciones y experimentos sobre él, es arrogante y presuntuoso. En cuanto a rechazar el tema que nos ocupa, creo que solo un hombre completamente ignorante puede hacerlo. Aquel que haya dedicado un poco de tiempo a hacer una investigación concienzuda no se atreverá a decir: "No hay nada real en esto." Puede que encuentres cosas que no te gusten, otras que no te convengan, pero en tal caso deberías simplemente decir: "No entiendo."

En la época a la que me refiero, de 1873 a 1880, se desarrolló un apasionado interés por los fenómenos psíquicos. Eran muchos los médiums, cuyas sesiones publicaban los periódicos, y los anti espíritas tenían la oportunidad de cosechar a la luz del Sol. Los más ignorantes de los opositores, los que solo sabían juntar dos frases, subieron al estrado para acusar Espiritismo con todas las fuerzas de las que eran capaces. Según el consejo de un famoso abogado a uno de sus jóvenes colegas, cuando las cosas le parecieran desfavorables, debían abrumar a los espiritistas con invectivas y epítetos despectivos. Es posible que estos hombres fueran "enemigos valiosos", como decía Stafford, pero lo cierto es que también obstaculizaron el trabajo de los médiums.

Uno de los médiums que más preocupaba a estos ponentes era la Sra. M..., una joven que conocía desde hacía mucho tiempo, en sus sesiones de materialización a las que había asistido y que anteriormente había ocupado las habitaciones que luego alquilé, y donde su oficina de materialización todavía estaba ubicada en una de las esquinas. Había interrumpido sus sesiones por enfermedad.

Una noche, sin resultados para realizar nuestra sesión habitual, probablemente porque el ambiente estaba lleno de nubes y por la lluvia que nos hacía pensar con tristeza en regresar a nuestras casas, interrumpimos el trabajo y esperamos que cayera la lluvia para poder salir. Durante este tiempo de espera, alguien propuso que uno de nosotros permaneciera sentado en la oficina de la Sra. M... para ver si se presentaba algún espíritu materializado. Al no haber objeciones, se aceptó la propuesta.

Nos paramos en círculo frente a la oficina y comenzamos a cantar. Cantamos todo lo que se nos ocurrió y empezamos a pensar que la demora era larga, cuando un fuerte ronquido, proveniente del otro lado de las cortinas, nos advirtió que nuestro "médium" parecía pensar que era más bajo que nosotros. Por eso dejamos de cantar melodías somnolientas y le pedimos que cediera su asiento a alguien que tuviera menos sueño. Él vino a tomar un lugar en el círculo, y la señora F... consintió en ir y permanecer detrás de la cortina. Reanudamos la canción, declarando que nuestro objetivo no era hacerla dormir. Solo habían pasado cinco minutos cuando la señora F... salió corriendo de la oficina, diciendo que había algo vivo allí y que tenía miedo.

Creemos que ese fue solo su pretexto para salir de allí; sin embargo, descorrimos las cortinas para examinar el interior del gabinete, donde no se encontró nada que pareciera vivo o muerto, excepto una simple silla de madera. Persuadimos a la señora F... para que intentara un nuevo experimento, lo cual ella hizo con evidente repugnancia, mientras nosotros volvíamos a nuestros asientos y comenzamos un nuevo coro. Inmediatamente la señora F... se arrojó fuera de la oficina, declarando que por nada del mundo permanecería detrás de las cortinas por un momento más, pues estaba segura que allí había algo vivo.

Viendo inútiles nuestros esfuerzos de persuasión, declaré, impertérrito, mi intención de enfrentarme a este ser vivo, tomé asiento en el gabinete, con la Sra. F... tomando mi lugar en el círculo.

Por unos minutos hubo completo silencio en la habitación, y yo comenzaba a suponer que la imaginación de mi amiga era muy viva, cuando de pronto sentí alguna perturbación en el aire de la oficina; no había ruido y, como las gruesas cortinas no dejaban pasar la luz, no podía ver nada; pero la atmósfera que me rodeaba parecía agitada, como si por allí volara un pájaro.

No quería confesar nada, pero en ese momento sentí algo muy parecido al miedo y quise correr hacia la luz y unirme a los cantantes; sin embargo, me resistí y me quedé callada. Me sentí pegada a mi silla, con miedo que me pasara algo.

Toqué y me convencí que, si eso sucedía, gritaría fuerte. Tenía alternativamente frío y calor y tenía un gran deseo de encontrarme fuera de las cortinas. Sabía que lo único que tenía que hacer era extender la mano para alejarlos, pero sufría una sensación de aislamiento indescriptible, que parecía colocarme a una distancia enorme de los demás. Esta extraña sensación casi venció mis ganas de ser valiente, y estaba a punto de salir corriendo del despacho, cuando una mano, apoyada en mi hombro, me obligó a volver a la silla de la que me había levantado.

¡Cosa extraña! Esta presión, que en otras circunstancias me habría sacudido mucho, tuvo luego el efecto de calmar mi fiebre y mi miedo. Recordé que, en una noche de tormenta, hace muchos años, observando con angustiado miedo mientras mis hermanitos dormían, una mano se había posado de la misma manera en mi brazo, teniendo la presión de los dedos invisibles un poder tan mágico que hacía que el cuerpo desaparecer miedo.

Ya no se percibía la vibración del aire; la mano abandonó mi hombro, y los asistentes, que empezaban a sentirse cansados de cantar, me hicieron las siguientes preguntas:

– ¿No ves nada a tu lado?

– ¿Encontraste algo con vida?

– ¿Cuánto tiempo debemos permanecer sentados?

Levantemos la sesión, ya no llueve y podemos irnos a nuestras casas.

– Entonces – dijeron, cuando aparecí tras las cortinas –, ¿sentiste o viste algo curioso?

- No vi nada; pero sentí un extraño movimiento vibratorio, como si un pájaro volara a mi alrededor, y entonces algo me tocó el hombro.

Este evento fue objeto de nuestras discusiones en los días siguientes y, al final de la sesión inmediata, que también pareció terminar antes de lo habitual, me invitaron a hacer un nuevo ensayo, entrando a la oficina, donde retomé la posición original.

Cabe explicar que esta oficina simplemente tenía una pequeña entrada en una de las esquinas de la habitación, la cual estaba cerrada por gruesas cortinas de sarga que corrían desde el techo hasta el suelo. Durante nuestras sesiones, la sala estaba tenuemente iluminada por uno o dos quemadores de gas, que por lo general estaban casi apagados, proporcionando la luz necesaria para que todos vieran lo que estaba pasando, hicieran sus observaciones o tomaran notas. Como la luz era demasiado débil para atravesar el espesor de las cortinas, yo estaba en absoluta oscuridad, mientras los demás tenían la luz que necesitaban.

No tuve que esperar mucho antes de volver a sentir las extrañas perturbaciones en el aire a mi alrededor. Sentí mi cabello extenderse bajo la acción de la corriente de aire, así como un viento fresco soplando sobre mi cara y manos.

Luego tuve una sensación extraña que a veces volvía a experimentar durante estas sesiones. A menudo he visto a otros describir esta sensación como idéntica a la de las telarañas en la cara;

en cuanto a mí; sin embargo, que me analizaba con curiosidad, creía que de cada poro de mi piel se arrancaban pelos finísimos.

Ya no tenía el miedo de la noche anterior. Al principio tuve una sensación extraña que era un poco así, algo así como una sensación de lo sobrenatural; después, esta impresión se disipó y quedé muy tranquila, pero incapaz de hacer el más mínimo movimiento o de responder a las numerosas preguntas que me hacían mis amigos. Al mismo tiempo sentí un gran interés en analizar mis sensaciones y preguntarme qué iba a pasar.

– ¡Hay cara de hombre! - Escuché decir.

- ¡Dios mío! Es verdad; ¡Qué cosa tan maravillosa!

- ¿Puedes verlo?

– Sí, todos lo estamos viendo. ¿Qué será eso?

- ¿Dónde está? – Pregunté, llamándome por todas estas exclamaciones.

– Está ahí, detrás de las cortinas. Un rostro redondo, con ojos negros, bigote y cabello castaño. Mira, él se ríe y asiente. ¿No puedes verlo?

En vano volví los ojos; No pude descubrir nada. Un tenue rayo de luz, atravesando las cortinas, parecía indicar que alguien intentaba mantenerlas separadas a la altura de un hombre, de pies a cabeza, y nada más.

- ¡Dios mío! – Dijeron –. ¿Quién es? ¡Qué hermosa cara! ¿Ves sus dientes cuando se ríe? Noten las señales que hace con la cabeza cuando hablamos.

Todas estas exclamaciones excitaron mi curiosidad al extremo, e hice un ademán para salir de entre las cortinas y ver al extraño personaje. Cuando me levanté, mis rodillas estaban singularmente débiles y me pregunté si pensaba que estaba enferma. Saqué la cabeza por la abertura de la cortina y miré al centro... ¿Qué vi? El rostro de Walter mirándome con sus ojos felices.

Lo reconocí inmediatamente por la luz de gas proyectada directamente sobre su rostro; eran absolutamente los mismos rasgos que había visto y dibujado, aunque en condiciones diferentes.

–¡Walter! – Exclamé. Él sonrió y asintió.

Me sentí débil, asustada y experimentaba otra sensación que no podía entender.

Caí impotente en mi silla.

Entonces vinieron como una avalancha las preguntas dirigidas a Walter, a las que él respondió con gestos muy expresivos, que yo no pude ver. Supuse; sin embargo, que Walter estaba muy satisfecho con su trabajo esa noche.

XVII.-
Espíritus materializados

"Viniendo de la región brumosa de lo desconocido."

Longfellow

El resultado alcanzado esa noche fue objeto de recíprocas felicitaciones entre los integrantes de nuestro grupo. Podríamos esperar grandes cosas si continuamos en la misma dirección. Por mi parte, solo puedo decir que sentí una gran curiosidad e interés ante tales fenómenos, como era natural. En otras sesiones había visto espíritus materializados; pero, a decir verdad, nunca como aquella noche me había sentido tan particularmente impresionada. Ciertamente no dudaba de la veracidad de estas manifestaciones, aunque en una o dos ocasiones tuve grandes dificultades para convencerme que existía un espíritu y no la figura del médium. Este tipo de manifestación no me atraía y tenía miedo que, al cultivarla, degradara o debilitara, de alguna manera, mi facultad.

Pasó mucho tiempo antes que considerara la pregunta propuesta por mis amigos. Esto me dijeron:

"Todas las diferentes manifestaciones tienen el mismo valor y son igualmente dignas de ser estudiadas; todo hecho que pueda ser probado indudablemente es de valor incalculable en la construcción de la Ciencia; y, finalmente, este tipo de fenómenos es uno de los más deseados para establecer las grandes verdades que proclaman los espíritas, ya que prueba tanto la realidad de otra existencia como la de un vínculo entre el mundo visible y el invisible."

Todos estos argumentos estaban en mi contra, y aunque no entendía el inmenso valor de estas manifestaciones en relación con las demás, consideré razonable no ir en contra de los deseos de mis amigos y terminé consintiendo, de mala gana, en la continuación de estas. experiencias tan deseadas.

Cuando asistí anteriormente a sesiones de materialización, mantenía mi opinión al respecto, fuera cual fuera; los demás, en cambio, como yo sabía, no adoptaron reservas ni dudaron en hacer observaciones, nada halagadoras, sobre la médium y los espíritus. La idea que estaría expuesta a los mismos comentarios me sorprendió.

Entonces intervino un viejo amigo, el Sr. A..., que ya había formado parte de nuestro grupo original y, para evitar disgustos de este tipo, propuso proceder de otra manera. Elegiríamos cuidadosamente a aquellos de nuestros amigos que estuvieran interesados en este tipo de manifestaciones y los invitaríamos a unirse a nosotros dos veces por semana, con la condición expresa que, antes de las doce sesiones, no se revelaría nada de lo que allí ocurría, obligándose cada uno, durante este tiempo, a asistir regular y puntualmente a las sesiones, no aceptando excusa alguna para no asistir, salvo las motivadas por enfermedad, y en ningún caso podrá tomar parte en los trabajos un extraño. Estas invitaciones condicionales fueron enviadas a quince o veinte de nuestros amigos y todos las aceptaron. Por mi parte, me obligué a hacer todo lo posible para desempeñar bien mi papel. Me ofrecí voluntariamente para una prueba de seis semanas, diciendo que veríamos, al final de ese período, qué se podía ganar en este tipo de prueba. Debía una compensación a mis amigos, que habían seguido pacientemente las diferentes etapas del desarrollo de mi mediumnidad, participando en todas nuestras experiencias, algunas de las cuales debieron molestarles mucho. A pesar de mi repugnancia hacia los fenómenos que nos propusimos estudiar, pensé que dedicándoles seis semanas recompensaría, en cierta medida, la ayuda que mis amigos me habían brindado para comprender el mundo espiritual, lo que hubiera sido difícil para mí sin su afectuosa cooperación. Estas fueron las razones que me llevaron a estas experiencias.

Comenzaron las sesiones. El nuevo gabinete construido tenía aproximadamente 3 pies de ancho, 9 pies de largo y 6 pies de alto. A lo largo estaba dividido en tres partes por medio de dos velos, y cada división tenía como tres pies cuadrados, con solo una abertura en el frente; gruesas cortinas oscuras los separaban de los asistentes. La idea de este oficio se debió en parte al Sr. A..., por la repugnancia que me causaba el contacto directo con los espíritus materializados; además, era interesante comprobar si los velos de gasa impedirían el paso de estos invitados espirituales.

La oficina no tenía salida ni entrada más que el frente; además, sería imposible para cualquiera pasar de uno de sus compartimentos a otro sin romper la pared de gasa, ni salir de ella sino por el frente cubierto por la cortina.

Esta combinación era extremadamente sencilla y, según pude comprobar, la más satisfactoria en comparación con los armarios empleados en otros grupos. Nuestra oficina dio al médium perfecta libertad y garantizó a los asistentes que se abstendrían de cualquier fraude vulgar.

Tengo una opinión firme y definida sobre estos gabinetes de materialización, y esta opinión es producto del tiempo y resultado de amargas experiencias. En la época a la que me refiero tenía todo por aprender y, como otros, debíamos empezar por "a b c."

Nadie se habría atrevido a dudar de mi honestidad. Siempre había procedido por el simple interés de la causa y, por tanto, observaba cada nuevo intento con el mismo interés, si no mayor, que mis amigos. Estos extraños poderes, que se revelaban uno tras otro, me habían sorprendido y extasiado, y me sometí a mi propia crítica, tratando de analizarlos imparcialmente. Si por mi cuenta hubiera podido desarrollar estas facultades, habría sentido mayor satisfacción, porque habría comprendido mejor el trabajo y *modus operandi* de estos desarrollos, sin distraerme con las conjeturas y teorías de otros; pero eso era imposible. Aislada, estaba relativamente privada de mis poderes. A veces consideré necesaria la ayuda de mis buenos amigos, pero preferiría continuar mis experimentos sola, si fuera posible; cómo; sin embargo, tal cosa era irrealizable.

Evidentemente las pruebas que me propusieron deberían ser tanto de su agrado como del mío. Por eso, durante el largo tiempo en que solo buscaban obtener un resultado, yo era tan ardiente como cualquiera de los demás en imaginar nuevos planes para ver cómo actuarían los espíritus si algún obstáculo se interpusiera en su camino.

La sala estaba dispuesta de tal manera que permitiera tanta libertad de acción a los asistentes como a los espíritus. Las ventanas ubicadas frente a la oficina estaban parcialmente oscurecidas; la luz solo procedía de la parte superior de las ventanas cuyos cristales eran rojos o naranjas, dejando pasar más o menos luz durante las sesiones diurnas. En las sesiones nocturnas hubo una buena disposición de luz de gas. Al fondo de la habitación las paredes estaban resguardadas, a unos centímetros de distancia, por una mampara de papel rojo o naranja, detrás de la cual se encontraba una gambiarra, colocada horizontalmente a lo largo de toda la pared, y de la que salían numerosas boquillas de gas, que podría graduarse mediante una llave interna. Esta llave fue movida por los propios espíritus o por uno de los asistentes. La luz proveniente de estas diferentes boquillas de gas y atenuada por el papel pintado de la pantalla era más que suficiente; iluminaba cómodamente todas las partes de la habitación y podía, según las necesidades, aumentarse o disminuirse. En la oficina reinaba una completa oscuridad, a menos que se levantaran las cortinas de uno u otro compartimento, en cuyo caso se podía ver toda la habitación, ya que los interceptores de gasa no obstaculizaban la vista, aunque eran impenetrables para cualquier persona. La habitación estaba climatizada cuando era necesario y parecía alegre y cómoda.

Una vez que finalmente se completó el número de personas que debían formar nuestro grupo y todos se comprometieron a seguir las condiciones prescritas, comenzamos nuestras nuevas experiencias. Esperábamos tener éxito; el señor A... debería ser el director general; el señor F... tomaría nota de todas las circunstancias y detalles que se presentaran; la señora B..., pianista, dirigía el canto, que hasta entonces habíamos adoptado sin un método conveniente. Teníamos un pequeño armonio en la habitación, y la Sra. B... tuvo una gran trabajo para hacernos progresar en el arte del canto coral, transformando lo que para nosotros era un tormento en algo placentero. Otro amigo propuso que siempre comenzáramos nuestras sesiones con una oración, para obtener ayuda divina y preservarnos de las malas influencias.

Los gastos de todos estos preparativos de la sala corrieron a cargo de los miembros del círculo, quienes contribuyeron a ello. El dinero sobrante gastado en gasolina, alquiler de casas, etc., se utilizó para ayudar a las personas más necesitadas que nos pedían ayuda.

Nunca antes en mi vida había sospechado las miserias y enfermedades que afligen al mundo, ni la incapacidad de los médicos para brindar alivio, ni sospechaba la existencia de miserias que sobrepasan todos los esfuerzos de personas caritativas y buenas. A menudo me enfermaba cuando me enfrentaba cara a cara con los horrores de la enfermedad y la pobreza, porque sentía que no tenía poder para aliviarlos. Muchas veces, después de haber visitado alguna sórdida y miserable mansión, me pregunté: "¿Es esto obra de Dios? ¿Son estos niños infelices tus hijos? ¿De qué sirve prescribir medicamentos a criaturas demacradas, que necesitan buen aire, luz solar y comida abundante? ¿Qué sentido tiene medicar a estos niños, cuyas piernas apenas sostienen sus cuerpos agotados, consecuencia de la debilidad o la culpa de sus padres, que no les dejaron más que miseria? En otras ocasiones dije que, si hubiera creado y poblado un mundo, y si lo viera llegar a tal estado, le haría lo que se hace con mal diseño: lo destruiría para crear uno nuevo. Realmente me pareció que no era una obra de piedad acudir en ayuda de estas miserables víctimas de la ignorancia y la enfermedad, para ayudarlas a prolongar su infeliz existencia. Stafford; sin embargo, pensaba de otra manera; fue infatigable en sus esfuerzos por aliviar el sufrimiento de los demás, no se cansaba de aconsejar, enseñar y alentar el bien, penetrando en la raíz del mal, indicando los errores cometidos y los medios para corregirlos, si todavía había tiempo.

Nunca rehuyó el placer de darnos estas indicaciones, declarando con palabras de censura que las enfermedades no provenían de la ignorancia, sino de infracciones voluntarias de las leyes de la Naturaleza. Su simpatía por los enfermos era ilimitada, como también lo era su deseo de ayudarlos; por lo tanto, nos sobraban razones para darle este trabajo al excedente de nuestros gastos.

Stafford no era partidario de los medicamentos, observando que podían causar otras enfermedades y, en muchos casos, ser más dañinos que la enfermedad misma. Su método de curación era, en general, una forma de vida regular, una dieta sencilla, el aire puro, el ejercicio físico y el conocimiento de lo que es bueno o malo para la salud, con el fin de conseguir que los enfermos se curaran rápidamente por sí mismos. "Den comida a estos niños – escribía a veces – y dejen de consumir medicamentos." Por lo tanto, las medicinas que enviábamos a algunos de estos matones o colmenas de miserables eran formas de avena, pan, frutas y otros comestibles en lugar de los repulsivos preparados de las farmacias. Mi clientela creció rápidamente, hasta el punto que nunca supe si podría tener una hora disponible, a pesar de la ayuda que me brindaron el Sr. y la Sra. F... Si ellos no hubieran estado allí, muchas cosas habrían sido dejado sin reserva.

Aunque Stafford me hizo escribir poco sobre el tema, me hizo entender que no le daba mucha importancia a los experimentos que íbamos a realizar, y eso no me agradaba; pero esperaba obtener su cooperación más tarde.

En nuestras primeras sesiones, los asistentes declararon haber visto abiertas las cortinas de los compartimentos del gabinete, por donde se asomaban algunas cabezas; yo; sin embargo, no vi nada. La señora F..., en una de estas cabezas, reconoció a Walter y le preguntó si salía de la oficina para presentarse. Walter respondió, no recuerdo si con golpes o con señas, que se presentaría de buen grado, pero que estaba desnudo y no quería escandalizar a las damas mostrándose con el traje de Adán.

– Le prestaremos ropa – dijo alguien –; él; sin embargo, no aceptó la propuesta.

La señora F... preguntó a Walter si quería que le hicieran ropa y si, en ese caso, saldría de la oficina en la próxima reunión. No sé si Walter aceptó la oferta, pero en los días siguientes la señora F... y yo trabajamos arduamente en la confección de ropa, que queríamos poner a disposición de Walter.

Elegimos muselina blanca, por tener algo más espiritual que cualquier otro tejido; cortamos, ajustamos, cosimos y contemplamos con satisfacción nuestra obra maestra. Creamos una especie de "chambre" con las mangas muy abiertas, pensando un poco en los cuadros en los que se representan santos y ángeles. Llevamos este conjunto a la sala de sesiones y se lo mostramos con orgullo a nuestros compañeros; luego, lo colocamos en el compartimiento central de la oficina, esperando la llegada de Walter. Cuando llegó, la primera señal que dio de su presencia fue enrollar la ropa que con tanto cuidado le habíamos confeccionado y entregársela a la señora F..., diciendo que no le quedaba o que la necesitaba. Luego, el propio Walter salió firmemente de la oficina y caminó hacia el centro de nuestro grupo vistiendo prendas cuya delicadeza, blancura y suavidad nos dejaban avergonzados de nuestro presente.

Walter estaba evidentemente satisfecho con el éxito conseguido en la fabricación de una nueva carrocería, como él mismo dijo. Asimismo, se sintió complacido por su capacidad para producir prendas capaces de despertar tanta admiración. Desde el principio se familiarizó con todos; las conferencias y diálogos que escuché despertaron aun más mi curiosidad, porque durante ese tiempo estuve sentada en la oscuridad de la oficina y sin poder ver nada de lo que sucedía afuera. Sin embargo, a pesar de mi deseo de encontrarme al otro lado del telón, me sentía extrañamente inerte y apática. Ciertamente no tenía sueño; mi cerebro estaba más despierto y activo que nunca; pensamientos e impresiones se sucedían a la velocidad del rayo; los sonidos que sabía que se producían a distancia parecían lastimarme los oídos de cerca; conocía los pensamientos, o mejor dicho, los sentimientos, de todas las personas presentes, y no tenía ganas de mover ni un dedo para ver la figura de Walter caminando entre nuestros amigos.

Después descubrí que mi estado no era solo de indiferencia o inercia; estaba completamente sin energía y, si intentaba hacer un gran esfuerzo, invariablemente obligaba a las formas materializadas a retirarse a la oficina, privadas del poder para sostenerse por sí mismas; este hecho; sin embargo, como muchos otros, no se puede aprender sin sufrir.

XVIII.-
Yolanda

"¿Lo que sucederá? Un espíritu... Mira cómo mira a su alrededor. Créame, señor. Tiene una forma muy definida, pero es espíritu."

La Tempestad, de Shakespeare.

Antes del final de esta serie de nuestras sesiones, habíamos progresado tanto que Walter, sin aparente dificultad, pudo presentarse en medio de todos tan sólido, tan material en la carne, como cualquiera de nosotros. A través de sus escritos, describió frecuentemente a otros espíritus presentes, aunque eran invisibles para nosotros, debido a que no podían, como Walter, confeccionar su propia ropa. Esto evidentemente lo llevó a desempeñar el papel de preceptor con sus hermanos menos experimentados, ayudándolos en su trabajo de materialización, y a partir de entonces Walter solo apareció en raras ocasiones; por otro lado, apenas pasaba una sesión sin que vinieran a visitarnos varias figuras extrañas. Uno de ellos pareció poder prescindir de la ayuda de Walter casi de inmediato; era Yolanda, una niña árabe de quince o dieciséis años, según nos contó Walter, y que se convirtió en una de las figuras principales de nuestras sesiones; era una morena esbelta, cuya gracia y naturalidad encantaban y admiraban a nuestro grupo.

Cuando se nos apareció por primera vez, su curiosidad no tenía límites; todo lo que vio le interesó extraordinariamente, desde nuestros vestidos hasta los muebles de la habitación. El armonio era un motivo de deleite para ella y pronto pudo imitar las melodías que tocaba la señora B..., aunque nunca pudo manejar el fuelle del instrumento, cuyo uso evidentemente no entendía. Uno de los integrantes del grupo, empleado de la Policía, tenía un cuerno plateado y lo tocaba perfectamente. Al darse cuenta de la pasión de Yolanda por la música, una noche trajo su corneta y tocó las piezas que más le agradaban. Gracias a su habilidad suavizó las notas altas del instrumento, haciéndolas extremadamente suaves, lo que era de desear en un concierto de sala.

Yolanda se sentó en el suelo para escuchar estas maravillas. Cuando el señor J... terminó de tocar un aria, pidió ver el instrumento y lo examinó con la mayor atención. Cada una de sus piezas fue sujeta a una minuciosa inspección; y, habiendo terminado su examen, intentó tocarlo ella misma, pero, sin poder hacerlo, a pesar de soplar por todas partes, finalmente tuvo que entregárselo con un gesto de molestia.

Le regalaban pequeñas campanillas de plata, que ella apreciaba mucho y que, ensartadas en una cinta, Yolanda ataba a menudo a su muñeca o a su pierna, acompañando la música del cuerno con graciosos movimientos de sus brazos o piernas. Eso la encantó; y fue realmente maravilloso ver cómo lograba, a través de movimientos rítmicos, alternar los sonidos de las campanas para acompañar la melodía que se tocaba. A veces estas campanas parecían sonar dulcemente a lo lejos, haciendo pensar en el sonido que producen las gotas de agua que caen a lo lejos; luego, vibraron rápida y claramente como los repiques de castañuelas agitadas por la mano de un maestro; y el cuerpo de Yolanda se balanceaba con gracia, cuando estaba sentada en el suelo o de pie entre nosotros.

Las descripciones que hago sobre los encantos de Yolanda se deben en parte a lo que dijeron los demás integrantes del grupo o a las notas de la señora F..., pues, aunque fui escuchada atentamente, fui privada del uso de mis ojos. con mi postura obligatoria en la oficina durante las sesiones. Parecía que los espíritus me evitaban, o más bien no creían necesario satisfacer mi curiosidad natural, cuando algo atraía más o menos mi atención.

Una vez vi claramente a Yolanda, pero creo que fue más por casualidad que por voluntad de ella. Después de jugar un rato afuera, Yolanda abrió las cortinas de la habitación contigua a la que yo estaba, evidentemente con la intención de entrar allí, pero como algo le llamó la atención hacia el exterior, se quedó parada en la apertura de la cortina, la luz dio completamente en su figura y me permitió hacer un examen completo de su persona. Su fina ropa hacía resaltar el color oliva de su cuello, hombros, brazos y pies, dejándolos completamente visibles. Su cabello largo, negro y rizado le caía hasta la cintura y estaba cubierto por un pequeño turbante en la parte superior de su cabeza. Sus rasgos eran delicados y muy distintos, sus ojos eran grandes, profundos y llenos de vida; sus movimientos parecían los de una niña. Todo esto lo pude ver al contemplarla de pie entre las cortinas, medio tímida y atrevida, como una cabrita.

Pronto Yolanda se volvió muy diestra. Su actividad nada temible, su curiosidad infantil y su admiración por todo lo nuevo para ella se convirtieron en motivo de constante interés para todos. Tenía predilección por los colores claros y los objetos brillantes; examinaba atentamente todos los objetos decorativos traídos por las damas y a menudo se adornaba con ellos, encantada de provocar observaciones halagadoras de los demás.

Una de las damas trajo un día un brillante cinturón de seda de Persia, que Yolanda inmediatamente miró con arrobo y se lo puso inmediatamente sobre los hombros, no queriendo soltarlo más. Cuando terminó la sesión, Yolanda desapareció, el cinturón no se encontraba por ningún lado. En la siguiente ocasión la señora le preguntó qué había hecho con su fajín. Yolanda parecía un poco perturbada, pero un momento después agitó las manos en el aire, se tocó el hombro y pronto la banda apareció allí como la noche anterior. Nadie pudo ver cómo apareció ni de dónde vino. Yolanda permaneció de pie en medio del público con su vestido blanco de espíritu, que solo ocultaba sus gráciles formas; bastaba un ligero movimiento de su pequeña mano para que la colorida faja de seda apareciera sobre sus hombros desnudos, que nunca más abandonó.

A veces, cuando poco a poco se disolvía ante la vista de veinte pares de ojos, dejando la banda en el suelo, alguien decía: "Esta vez lo ha olvidado." Pero no, la banda desaparecía de la misma forma que el espíritu y todas las búsquedas realizadas para encontrarlo fueron inútiles. Mientras tanto, Yolanda nos aseguró alegremente que la banda nunca había salido de la habitación y que no podíamos verla porque estábamos ciegos. Esto parecía divertirla y nunca desaprovechaba la oportunidad de desconcertarnos, haciendo invisibles objetos para nosotros, o haciendo aparecer en la habitación flores que ninguno de los asistentes había traído.

Uno de los miembros de nuestro grupo describió las extrañas apariciones y desapariciones de esta extraordinaria criatura de la siguiente manera:

"Al principio se ve en el suelo, frente al gabinete, un objeto blanco, vaporoso y membranoso. Este objeto se extiende gradual y visiblemente, como si fuera una pieza animada de muselina desplegada en el suelo, hasta alcanzar una longitud de dos pies y medio a tres pies, con un espesor de seis o más pulgadas. Luego, la parte central comienza a subir lentamente, como si la estuvieran levantando formada por una cabeza humana, mientras que las membranas turbias se parecen cada vez más a la muselina que cae en pliegues sobre la punta misteriosamente aparecida. Cuando la masa alcanza la altura de dos o más pies, parecería ser un niño escondido debajo de una tela, agitando los brazos en todas direcciones, como si manipulara algo. La masa continúa ascendiendo, a veces descendiendo para alcanzar una altura mayor que antes, hasta que se eleva unos cinco pies. Luego, se puede ver la figura del espíritu acomodando los pliegues del paño que lo envuelve.

Luego, los brazos se elevan considerablemente por encima de la cabeza y aparece Yolanda, grácil y hermosa, abriéndose paso entre una masa de tela nebulosa. Mide unos cinco pies de altura; su cabeza está envuelta en un turbante, del cual su largo cabello negro cae sobre su espalda.

Su vestido, de apariencia oriental, muestra la forma de cada miembro y todo el contorno de su cuerpo; el exceso de tela blanca, similar a un velo, se envuelve alrededor del cuerpo para mayor comodidad o cae sobre la alfombra, hasta que surge una nueva necesidad de operar; y para hacer todo esto se necesitan unos diez o quince minutos.

Cuando desaparece o se desmaterializa, sucede lo siguiente: dando un paso adelante, para mostrarse y permitir a los presentes verificar su identidad, Yolanda, lenta pero deliberadamente, desenreda la tela ligera que le sirve de velo, la recoge, la coloca sobre su cabeza y lo deja caer sobre su cuerpo, como si fuera un gran velo de novia; luego inmediatamente desciende, disminuyendo de volumen mientras parece plegarse sobre sí mismo, desmaterializando su cuerpo, bajo la tela vaporosa, hasta que ya no tiene ningún parecido con Yolanda. Luego desciende más hasta que pierde toda apariencia de forma humana, alcanzando rápidamente treinta o quince centímetros de altura. La figura cae entonces por completo y no representa más que la forma de un montón de tela. Literalmente, no son más que los vestidos de Yolanda que, lenta y visiblemente, se derriten a su vez y desaparecen. La desmaterialización del cuerpo de Yolanda tarda entre dos y cinco minutos, mientras que la desaparición de los vestidos tarda solo entre medio minuto y dos. Sin embargo, una vez no logró desmaterializar sus velos, que quedaron en el suelo, y que otro espíritu, al salir del despacho, vino a contemplar con aire de reproche a la pobre Yolanda. Cuando este espíritu alto se retiró, apareció la figura infantil de Nínia, la pequeña española, que también acudió a ver los restos de Yolanda. Recogió con curiosidad el relleno y se envolvió en él, a pesar que su cuerpecito ya estaba vestido."

Un día Yolanda salió de la oficina y se me acercó. Tenía su velo en la cabeza y miró con curiosidad hacia otra parte de la oficina, probablemente esperando ver salir a alguien. Efectivamente, las cortinas se abrieron y una figura grande emergió y avanzó hacia la vista de todos. Nos hizo gracia la impaciencia de Yolanda por el retraso que tardó el espíritu en salir de la oficina, impaciencia que expresó golpeando el suelo con su pie descalzo. Otro de nuestros misteriosos visitantes se llamaba Y-Ay-Ali, una de las criaturas más bellas imaginables. Sus formas escultóricas, su deslumbrante belleza, su porte majestuoso y sus elegantes movimientos contrastaban vívidamente con las costumbres felinas de Yolanda. Y-Ay-Ali era ciertamente una criatura de algún mundo superior. Solo apareció una o dos veces, aunque nos informaron de su frecuente presencia en las sesiones. De quienes lo vieron, ninguno podrá olvidarlo.

Evidentemente era una autoridad, una especie de maestra, a quien Yolanda sentía un gran respeto y una profunda veneración. Nos dijeron que fue ella quien, a pesar de ser invisible, dirigió la producción de las magníficas flores que tan misteriosamente nos trajeron.

XIX.-
La "Ixora crocata"

"Y dijo el Eterno: – ¿Quieres que se salve la planta, por la cual no trabajaste, en cuyo crecimiento no tuviste influencia, ya que nació en una noche y murió en una noche?"

Jonás, 4:10.

Un día recibí una carta del Sr. W. Oxley, un personaje muy conocido en Manchester, junto con un mensaje de dos caballeros muy conocidos en Alemania, pidiéndome permiso para asistir a una de nuestras sesiones. Transmití estas solicitudes a los demás miembros del grupo y el resultado fue que los tres extraños asistieron a nuestra reunión. Tuvimos entonces una sesión de extraordinario interés, si realmente se puede decir que alguno de estos fenómenos fue más maravilloso que los anteriores; sin embargo, los hechos también se conocieron en otros países, y al menos a varias personas les resultaron sorprendentes.

El señor Oxley nos dijo que había venido con un propósito especial, del que solo hablaría después de haberlo logrado. Nos explicó que, a través de otro médium, los espíritus le habían dicho que obtendría lo que buscaba si lograba ser admitido en nuestro círculo privado. Naturalmente nos preguntamos cuál podría ser su objetivo y temimos que la presencia de los otros dos desconocidos arruinara su plan. Por otro lado, una caída que había sufrido precisamente ese día, mientras bajaba las escaleras, provocándome una luxación en el codo, también pareció contribuir a reducir nuestras posibilidades de éxito.

Por lo tanto, esa noche fui a la sala de sesiones dispuesta a pedir que se pospusiera el experimento; pero al llegar allí, al enterarme que el tiempo de nuestros visitantes era muy limitado, decidí trabajar de todos modos.

Luego tomamos nuestros asientos habituales. La señora B... tocó un solo de armonio y reinó el silencio cuando las cortinas del compartimento central de la oficina se abrieron y entró Yolanda en la habitación. Lanzó una mirada escrutadora a los extranjeros, quienes también la miraban con interés, evidentemente admirando las elegantes formas y los ojos oscuros de nuestra joven árabe.

Como ya dije, mi cargo obligatorio en la oficina me impidió ser más que un testigo de oído; por ello, doy la palabra a uno de los miembros de nuestro grupo:

"Yolanda caminó hasta donde estaba sentado el señor Reimers - el señor Reimers es muy conocido en Europa como un espiritista distinguido -, y lo invitó a acercarse a la oficina para presenciar ciertos preparativos que ella iba a hacer. Cabe señalar que, cuando en ocasiones anteriores Yolanda nos produjo flores, dio a entender que necesitaba arena y agua, por lo que siempre teníamos un suministro de agua y arena cerca. Cuando ella, en compañía del señor Reimers, llegó al centro del círculo, hizo entender su deseo que se entendiera el agua y la arena, y luego, haciendo arrodillarse a su compañero ante ella, le ordenó que metiera el ñandú en una botella, que se fue haciendo hasta llegar a la mitad. Luego ordenó que se derramara el agua. El señor Reimers, después de agitar fuertemente la botella, se la pasó a Yolanda, quien, después de examinarla atentamente, la colocó en el suelo, cubriéndola únicamente con un paño que le quitó de los hombros. Luego entró en la oficina, donde volvió una o dos veces, después de breves intervalos, para ver qué pasaba.

Durante este tiempo, el señor Armstrong había eliminado el exceso de agua y arena, dejando solo la botella en el centro de la habitación, cubierta únicamente por el fino velo que apenas ocultaba la forma de la botella, cuyo cuello era especialmente visible.

Mediante golpes en el suelo, nos invitaron a cantar para armonizar nuestros pensamientos y destruir el exceso de curiosidad que, en mayor o menor medida, todos podríamos sentir.

Durante la canción observamos que la tela parecía elevarse por encima de la botella; el hecho fue visible para veinte testigos cuidadosamente atentos.

Yolanda salió de la oficina y miró la botella con inquietud. La examinó minuciosamente y trató de sostener el velo, como si amenazara con aplastar algún objeto frágil colocado debajo. Finalmente, lo eliminó por completo, exponiendo ante nuestros ojos atónitos una planta perfecta, que parecía pertenecer a la familia de los laureles.

Levantó la botella en la que había brotado la planta; sus raíces eran visibles a través del cristal y estaban profundamente incrustadas en la arena.

Yolanda miró la planta con evidente alegría y orgullo y, sosteniéndola con ambas manos, cruzó la habitación y se la presentó al señor Oxley, uno de los extraños presentes. Se sabe que este señor se ha dado a conocer por sus obras filosóficas sobre temas espirituales y por sus escritos sobre las pirámides de Egipto.

Recibió la botella con la planta; y Yolanda se fue como si su tarea hubiera terminado.

Después de examinar la planta, el Sr. Oxley colocó la botella en el suelo junto a él, ya que no había ninguna mesa cerca. Se hicieron muchos comentarios y la curiosidad alcanzó su punto máximo. La planta se parecía a un laurel, con hojas anchas, oscuras y brillantes, pero sin flores. Nadie la conocía ni podía clasificarla.

Nos llamaron al orden tocando el suelo y nos pidieron que abandonáramos la discusión, cantáramos algo y mantuviéramos la calma. Obedecimos la orden y, mientras cantábamos, nuevos golpes nos aconsejaron volver a examinar la planta. Con gran sorpresa observamos entonces un mechón floreciente, una umbela circular, que medía unas cinco pulgadas de diámetro, que se había formado mientras la planta yacía a los pies del señor Oxley.

La flor tenía un hermoso color rojo anaranjado, o más bien salmón; como nunca he observado estas variedades de colores, me parece difícil describirlas con palabras.

La inflorescencia estaba compuesta por aproximadamente ciento cincuenta pequeñas corolas en forma de estrella, unidas a largos tallos. La planta medía veintidós pulgadas de alto y, con su grueso tallo fibroso, llenaba el cuello de la botella. Sus hojas eran veintinueve y medían aproximadamente de dos a dos pulgadas y media de ancho, por siete pulgadas y media de longitud máxima. Cada hoja era lisa y brillante, parecida, a primera vista, a las del laurel, como supusimos al principio. Las raíces fibrosas parecían haber crecido naturalmente en la arena.

Posteriormente fotografiamos la planta en su botella, ya que no era posible sacarla de allí, debido a la estrechez del cuello, que impedía el paso de la raíz, y también porque el tallo llenaba completamente el agujero. Luego supimos que la planta era *"Ixora crocata"*, originaria de la India.

¿Cómo nos la trajeron? ¿Había nacido realmente en una botella? ¿Fue transportada desmaterializada desde las Indias para ser reenvasada, materializada en nuestra sala de sesiones? Ésas fueron las preguntas que nos hicimos, sin resultado alguno. No se pudo obtener una explicación satisfactoria. Yolanda no quiso o no pudo satisfacernos. Por lo que pudimos juzgar, y esta era la opinión de un botánico profesional, la planta ya existía desde hacía algunos años. Pudimos ver los lugares donde habían estado otras hojas y observamos rastros de cortes que ya habían sanado con el tiempo. Sin embargo, era evidente que la planta había brotado de la arena de la botella, como lo demostraban las raíces apoyadas en su parte interior, y con todas sus fibras en perfecto estado, como si hubiera crecido allí mismo, sin encontrar obstáculos. La planta no podría haber sido introducida en la botella, porque no habría sido posible pasar sus grandes raíces fibrosas o la parte más gruesa de su tallo por el cuello sin romperlo."

En un libro publicado posteriormente, el Sr. Oxley dijo:

"Después de fotografiar la planta a la mañana siguiente, la llevé conmigo y la coloqué en mi invernadero, dejándola al cuidado del jardinero; sin embargo, se marchitó tres meses después. Guardé las hojas para ofrecérselas a algunos amigos, excepto la flor y las tres hojas del extremo que cortó el jardinero cuando cuidaba la planta. Todavía las conservo bajo una cúpula de cristal, sin mostrar ningún signo de desmaterialización. Antes de la creación o materialización de esta maravillosa planta, Yolanda me trajo una rosa, cuyo tallo medía un centímetro de largo, y que coloqué en la solapa de mi abrigo. Entonces sintiendo algo de movimiento allí, lo saqué y, en lugar de una, encontré dos rosas. Las volví a colocar en el mismo lugar y, al final de la sesión, vi con admiración que el tallo se había alargado siete centímetros, sosteniendo tres rosas abiertas, un capullo y muchas espinas. Llevé estas flores a casa y las guardé hasta que se marchitaron; las hojas murieron y el tallo se marchitó, lo que era prueba de su realidad y materialidad."

Esta no fue más que una de las obras notables de Yolanda; y nos muestra de qué interés fueron las manifestaciones obtenidas en nuestros experimentos. Al final de la sesión, el Sr. Oxley nos explicó que los espíritus le habían prometido un ejemplar de esta rara planta, para completar su colección, y que de esta manera se había logrado el objetivo de su visita.

Otra prueba favorita de Yolanda era la siguiente: le confiaba a uno de sus amigos un vaso lleno de agua, pidiéndole que lo observara atentamente; extendió sus dedos apuntando hacia el agua, donde, bajo la atenta mirada de su amigo, se estaba formando una flor que llenaba el vaso. Generalmente se trataba de un ejemplar de hermosa rosa, cuyo tallo a veces sostenía muchas flores.

El entusiasmo de Yolanda fue igual al de su amigo predilecto, cuando logró sorprenderlo; pero cuando expresamos nuestro deseo de saber cómo lo hacía, levantó los hombros e inclinó la cabeza con mirada perpleja.

Creo que desconocía la forma en que producía estas encantadoras flores, ya que trabajaba bajo la dirección de su querido Y-Ay-Ali, cuyo conocimiento era ilimitado. Sin embargo, si Y-Ay-Ali conocía este secreto, hasta donde sabemos, lo guardó para sí misma. Si nos hubiera dado la explicación solicitada, es posible que no hubiéramos obtenido el mismo resultado que Yolanda. En cualquier caso, el *modus operandi* de estas hermosas creaciones siempre ha sido un misterio para todos nosotros.

Otra de las tareas importantes de Yolanda consistía en pedir una jarra, llenarla hasta la mitad con agua, colocarla con ayuda de uno de los asistentes sobre su cabeza o su hombro y llevarla de un lugar a otro, formando un cuadro de gracia y belleza oriental, con el rostro y los brazos descubiertos, el vestido blanco como la nieve y el pelo negro cayendo por su espalda. Cuando Yolanda, después de saludar a sus amigas, bajó el jarrón, lo encontraron lleno de numerosas rosas de las especies más raras, que distribuyó generosamente entre los presentes, presentándoles el jarrón para que todos eligieran. A veces pedíamos y conseguíamos flores de un color especial.

Alguien me preguntó un día: "¿Por qué no le haces un pedido?" De hecho, nunca había pedido nada para mí, interesándome suficientemente por el trabajo de Yolanda cada vez que tenía la oportunidad de observarlos. Pero al escuchar esta pregunta, Yolanda me dirigió una mirada inquisitiva y le pedí que me regalara una rosa... una rosa negra. Creí que esto la avergonzaría, ya que supuse que esta flor no existía. Inmediatamente metió la mano en la jarra y, sacando un objeto oscuro, salpicado de gotas de agua, me lo ofreció triunfalmente. Era una rosa de un azul muy oscuro, como yo y los presentes nunca habíamos visto; un ejemplar magnífico, cuyo valor, al menos en mi opinión, dependía más de su rareza que de su belleza. Esta amabilidad por parte de Yolanda fue notable, porque rara vez me prestaba atención, más bien parecía evitarme o aceptar mi presencia en la oficina solo como algo necesario.

Parecía haber un vínculo extraño entre nosotros. No podía hacer nada para garantizar su presencia entre nosotros, ya que ella iba y venía con total independencia de mi voluntad. Sin embargo, descubrí que, mientras estuvo con nosotros, su corta existencia material dependía de mi voluntad, y que entonces perdí, no mi individualidad, sino mi fuerza y mi poder de actuar.

También estaba perdiendo gran parte de mi sustancia material, aunque en ese momento no lo sospechaba. Sentí una especie de transformación dentro de mí, y es curioso que cada esfuerzo de mi parte por pensar lógicamente y seguir la cadena de razonamientos pareciera molestar y debilitar a Yolanda. Ella tenía más fuerza y vida, cuando yo tenía menos inclinación a pensar y razonar; pero mi poder de percepción creció hasta el punto de causarme dolor, no físico, sino mental. Mi cerebro se convirtió en una especie de galería donde los pensamientos de otras personas tomaban forma y sonaban como un objeto material. Si alguien sufría, sentía el eco de su sufrimiento; si alguien estaba cansado, aburrido, instantáneamente experimentaba el mismo sentimiento. La alegría y el sufrimiento eran de alguna manera perceptibles en mí y yo, sin poder decir quién sentía esto, estaba bajo el control de tales impresiones.

Si alguien, por ejemplo, rompía la cadena, me lo comunicaban claramente, sin que yo supiera cómo. Los paseos de Yolanda me provocaban a veces una vaga inquietud. Evidentemente encontró placer en su corta estancia con nosotros y fue tan imprudente, a pesar de su aparente timidez, que siempre me atormentaba la idea de lo que podría pasarle. Sentí dolorosamente que cualquier accidente o imprudencia de su parte tendría repercusiones en mí. ¿Cómo? No tenía una idea firme al respecto. Solo debería saberlo más tarde.

Si este sentimiento de ansiedad realmente tomaba la forma de un pensamiento, descubrí que siempre obligaba a Yolanda a entrar en la oficina, de mala gana y, a veces, con petulancia infantil. Esto demostró que mis pensamientos ejercían una influencia dominante sobre sus acciones y que ella solo acudía a mí cuando ya no podía mantenerse a sí misma.

XX.-
Numerosas visitas de espíritus

"Uno de ellos es un genio, el otro un hombre; Pero, ¿quién puede decirnos?

¿Cuál de los dos debería ser el espíritu?"

Shakespeare, Comedia de errores, Act. 1.

No se debe suponer que no teníamos otros asistentes espirituales además de Walter, Yolanda, Nínia e Y-Ay-Ali. No hubo reunión en la que no se presentara una nueva figura. Muchas veces estos espíritus nos eran desconocidos y, en este caso, no regresaban. Vinieron otros, cuya identidad, después de ser reconocida, se quedó con nosotros por algún tiempo, saliendo para regresar en las siguientes sesiones.

¡Cuántas veces he dado gracias a Dios por darme el maravilloso regalo que me permitió llevar consuelo a corazones quebrantados! Y todavía lo bendije, a pesar del amargo sufrimiento y la cruel persecución que sufrí por parte de los ignorantes y los escépticos.

Una noche tuvimos la repentina aparición de un joven marinero, vestido con uniforme azul con galones y botones dorados y una gorra con las insignias de su rango. Lo vi a plena luz cuando descorrió las cortinas y salió del estudio. Su apariencia me sorprendió, porque se parecía tanto a una persona viva que al principio no podía imaginar que fuera un espíritu. Además no tuve tiempo de coordinar mis pensamientos, porque escuché gritos y exclamaciones que interrumpieron la oración hecha por nuestro buen Sr. H... No vi nada; me limité a escuchar, pero luego me dijeron que la escena que siguió a la llegada del joven marinero fue muy conmovedora.

Se acercó a una señora que estaba sentada detrás de los demás y ella, reconociendo a un hijo que había perdido, se arrojó hacia adelante, encontrándolo a medio camino. Se arrojó en sus brazos, abrazándola apasionadamente, manteniéndola así durante algún tiempo. Muchas de las personas presentes no pudieron contener las lágrimas de simpatía por esta madre y su hijo abrazados allí.

— Es mi hijo, mi Alfredo — dijo la pobre madre —, el único hijo que nunca imaginé volver a ver. No ha cambiado, no es más grande ni más fuerte, no es en nada diferente de lo que era. Aun lleva esa pelusa que tanto le enorgulleció cuando se despidió de mí, cuando partió para ese viaje del que no debería regresar. Él es mi hijo y nadie más. Nadie en el mundo puede negar este hecho ni privarme de este consuelo; mi hijo vive y todavía me ama, como siempre me amó.

Entre los numerosos enfermos que solicitaron la ayuda de nuestros amigos espirituales se encontraba el Sr. Hugh Biltcliffe, de Gateshead, un amigo personal del Sr. y la Sra. F... Desafortunadamente, ya era demasiado tarde cuando nos enteramos de su enfermedad para poder hacerlo, así que no hay otro bien que darle un simple alivio en sus últimas horas de sufrimiento. Con gran pesar para sus amigos, entró al mundo invisible pocos días después que supiéramos de su estado. Su viuda y sus hijos estaban inconsolables. Había sido espírita, pero nunca participó activamente en la propagación de sus creencias, aunque estaba muy interesado en todo el movimiento educativo, particularmente en lo que respecta a la templanza, en el que se había especializado. La esposa compartía sus ideas, pero no se interesaba por nuestras experiencias y, después de la muerte de su marido, rara vez la veía. Conocí a esta familia poco tiempo antes de la muerte del señor Biltcliffe, sin siquiera verlo en persona antes que se encontrara cambiado y demacrado por la enfermedad.

Unos meses después de la muerte de su marido, la señora Biltcliffe vino a una de nuestras sesiones dirigidas por el señor y la señora F... para narrar lo que siguió, le di la palabra al señor F..., quien publicó más tarde un informe firmado por la señora Biltcliffe y otras dos señoras que también estuvieron presentes en la sesión. Él escribió:

"El señor Hugh Biltcliffe, uno de mis amigos más queridos, murió hace aproximadamente un año. Era muy conocido en Gateshead, donde tomó parte activa en la causa de la templanza, y durante algunos años fue inspector de una escuela dominical. Él y su esposa eran espiritistas, pero la señora Isabel Biltcliffe nunca había visto un trabajo como el que ahora voy a describir.

Cuando la sesión estaba a punto de terminar, vimos aparecer, descorriendo las cortinas, el perfil de un hombre alto y delgado, con patillas y cabello negros, y vestido con ropa blanca. Su apariencia era noble y majestuosa. Inmediatamente reconocí a mi amigo Biltcliffe. Lo más destacable es que no fui el único en reconocerlo, sino también su esposa, la mía y otra señora, apenas apareció. Además, dos caballeros que estaban sentados un poco detrás declinaron el nombre de mi amigo y luego me preguntaron si estaban en lo cierto en sus suposiciones sobre la apariencia y la identidad del espíritu.

Así, cuatro personas lo reconocieron sin la menor duda, y otras dos, al reconocerlo, tuvieron; sin embargo, algunas dudas sobre su significado.

Este amigo vino a mí y me estrechó la mano. Su mano, que era un poco más grande que la mía, se sentía cálida, suave y natural. Su agarre fue firme y vigoroso, como en su vida terrenal. Entendí que con esto quería expresarme su agradecimiento por los pequeños servicios que le había brindado durante su enfermedad.

A la siguiente reunión, diez días después, volvió a asistir la señora Biltcliffe, pero esta vez con sus dos hijas pequeñas: Inês, de trece años, y Sara, de siete u ocho años.

Mi amigo volvió a presentarse para demostrarnos que, a pesar que su cuerpo había sido encerrado en una tumba, estaba, sin la menor duda, tan vivo como nosotros, y quería demostrarnos la irrealidad de la muerte.

En el momento en que apareció, la pequeña Sara, una niña lista e inteligente, corrió a su encuentro y él, tomándola en sus brazos, la besó. Ella se aferró a su cuello, como si ya no quisiera separarse, sino que tuviera que cederle el paso a su hermana mayor, quien también quería caricias. Las chicas le hicieron innumerables preguntas, como éstas:

- ¿Dónde conseguiste esa ropa blanca que llevas? ¿Qué haría con ellos cuando se fuera? ¿Cómo pude haber entrado en la habitación?

- Me preguntaron si lo reconocía.

– Sí, ciertamente lo reconozco; ¿Por qué no reconocería a tu padre?

– ¡Qué cosa más extraña! Murió y aun así está vivo. ¿Cómo puede suceder esto?

Allí se formularon éstas y otras cien preguntas y observaciones, embarazosas para mentes más ilustradas que la suya. Nadie podrá convencer a estas niñas que no vieron ni abrazaron a su padre, que murió un año antes."

También mencionaré un caso similar, que despertó mi interés en conocer personalmente a las personas que allí se presentaron. Un anciano, conocido mío, era espiritualista desde hacía muchos años; su esposa, que no mostró la más mínima simpatía por estas ideas, falleció. No le extendí la misma amistad que a su marido, porque en una ocasión sus mordaces palabras me escandalizaron mucho y me indujeron a sentir lástima por su pobre marido, que continuaba sus estudios espiritistas lleno de disgusto.

Ella murió y me sorprendió ver cuánto le afligió esa pérdida. A los pocos días del entierro vino a nuestro santuario, sin intención de asistir a sesión alguna; pero, hallándose allí, se quedó a ver la obra. Su tristeza me conmovió y me alegró verlo permanecer allí por un momento, esperando que encontrara algún alivio a su tristeza. Recuerdo imperfectamente lo que sucedió al comienzo de la sesión, pero todavía veo claramente las cortinas abrirse violentamente, dejando que la luz caiga de lleno sobre la figura de la señora Miller. A pesar de estar acostumbrada a estas cosas, el asombro me asfixió. No podía haber ningún error; fueron sus rasgos, sus gestos; ella era ella misma y fue inmediatamente reconocida por las personas que la habían conocido en vida. Su marido, conmovido, quiso abrazarla, pero ella, dando un paso atrás, le dijo severamente:

– ¿Qué hiciste con mi anillo?

Un rayo allí no nos causaría mayor sorpresa.

– Querida, no tengo tu anillo – respondió el pobre –. ¿No está en tu dedo?

Y estalló en sollozos, mientras la señora Miller regresaba a la oficina de donde había salido.

Mi deseo era echarla, fuerte.

El señor Miller parecía muy molesto por el enfado de su esposa. Nos contó que cuando estaba a punto de morir, había recomendado que no le quitaran los dos anillos que solía usar. Él había prometido respetar su deseo y no podía entender la observación que ella había venido a hacer. Creo que no entendió muy bien el alcance de la pregunta, pero estoy seguro que la mayoría de los presentes se sintieron más o menos indignados al ver este corazón amoroso y afligido siendo censurado a causa de una joya, sea cual sea su valor.

Más tarde, el Sr. Miller nos dijo que cuando regresó a casa, después de haber interrogado a su hija sobre estos anillos, ella respondió que, ignorando los deseos de su madre, se los había quitado justo antes del entierro, ya que creía que su padre estaría feliz de verlos de nuevo. Así quedó todo explicado.

La señora Miller regresó muchas veces con la intención de saludar a sus amigos, pero nunca demostró haber superado sus prejuicios contra el Espiritismo; tampoco utilizaba nuestras reuniones excepto cuando pretendía un propósito especial. Sin embargo, el hecho de su apariencia fue suficiente para testificar a favor de lo que ella despreciaba; y todos los que la habían conocido, y eran muchos, tenían pruebas convincentes que la señora Miller era todo lo que podía estar más vivo y menos cambiada, tanto en apariencia como en carácter. En el estudio de estas manifestaciones, las ideas ortodoxas que podríamos haber concebido sobre los habitantes de las esferas espirituales no dejaron de sufrir graves sacudidas. Hasta donde pude juzgar, ninguno de nuestros visitantes espirituales, con excepción quizás de Y-Ay-Ali, correspondía a mis ideas preconcebidas sobre el estado angélico. Parecían tan humanos, como si realmente estuvieran todavía en la vida terrenal.

Una larga conversación que tuvo lugar una noche entre un espíritu y uno de nuestros invitados me hizo reflexionar durante mucho tiempo. Esto sucedió en nuestra reunión habitual. Dos desconocidos, amigos de un miembro del grupo, habían sido invitados por consenso general a asistir a la sesión. Apareció entonces un espíritu de alta estatura, bigotes, barba y cabello negro, frente amplia y alta. Como nadie lo conocía, le preguntamos si había venido por alguno de nosotros y nos hizo entender que conocía a uno de aquellos dos desconocidos que estaban presentes, el cual, como no quería que se diera su nombre a publicidad, Lo designaré simplemente con la letra B...

Sr. B... – ¿Quién es usted? ¿Felipe?

Espíritu – No. Sr. B... – ¿Es usted Lynch?

Espíritu – Sí, Emmanuel Lynch.

Sr. B... – No estaba pensando en Emmanuel. Es con Frank con quien quería hablar, Frank, que murió en el mar.

Espíritu – No, no morí en el mar, sino de tisis.

Sr. B... – Sí, es cierto; Frank murió en el mar y Emmanuel en Hartlepool.

Espíritu – Sí, en el viejo Hartlepool. ¿Sabes si mis padres todavía están vivos? ¿Si mi esposa también está viva? ¿Cuándo murió Frank? Y Ralph, ¿sigue vivo? ¿En qué barco me viste por última vez?

Sr. B... – No sé el nombre del barco, pero fue en 1867. No puedo responder positivamente a sus otras preguntas porque hace mucho tiempo que no voy a Hartlepool.

Espíritu – Quería volver a ver a todas estas personas o, al menos, saber si ya abandonaron su mundo. El anciano sufría antes de mi muerte, pero por una vieja enfermedad. No sé por qué él y mi madre, siendo tan sanos, tan fuertes, vieron morir de tisis a sus nueve hijos.

Sr. B... – Escuché que tuvieron nueve hijos, pero solo conocía a Frank y Emmanuel.

Espíritu – Quería saber si Catarina, mi esposa, se volvió a casar... pero ¿qué tengo ahora? ¿Has conocido a Brough, el propietario del barco?

Sr. B... – No.

Espíritu – ¿Y el viejo Capitán Wynn?

Sr. B... – Sí, todavía vive. Hablé con él hoy.

Espíritu – No me refiero a ese. El otro vivía en Poplar, en la ciudad de Londres. Murió mucho antes que yo y está aquí, queriendo enviarle un mensaje a su esposa. Quiere saber si ella se ha vuelto a casar o si lo ha olvidado, porque entonces ya no se preocupará más por su destino.

Sr. B... – No sé dónde vive.

Espíritu: escriba a John Fennick, 44 Coal Exchange, Londres. Él le mostrará la dirección de la Sra. Wynn. Pregúntale a Emily si todavía recuerda a Manny Lynch; ella quería casarse conmigo.

Sr. B... (dirigiéndose a los asistentes) – Manny Lynch. Sí, solíamos llamarlo Manny. Llevó a un escultor para que modelara su busto cuando estuvo en el Mediterráneo.

Espíritu – Sí, Jack Rogers también lo hizo, y luego Big Birddi.

Sr. B... – Jack Rogers aun vive:

Espíritu – Me dejó para embarcarme en la "Iron Age"; el buque que se perdió y no sé qué fue de Jack.

Sr. B... – Conocía el barco "Iron Age", pero no sabía que Jack Rogers estaba a bordo allí. ¿Viste al capitán después?

Espíritu – No; escuché de él cuando ya me sentía muy mal y no recuerdo qué dijeron. ¿Habrá muerto?

Señor B... – Sí.

Espíritu – Era muy buen tipo, querido señor. Salúdelo de mi parte y dígale que me encantaría hablar con él. Dale mis saludos a Emily. Lamento no haber podido conciliarlos. Ven aquí más a menudo para hablar de viejos tiempos y amigos.

Nunca volví a ver a este extraño, pero me pregunto qué cambio habrán sufrido sus ideas sobre el cielo después de esa conversación.

Por lo que pude juzgar, Emmanuel Lynch todavía estaba muy interesado en todo lo relacionado con su vida pasada, así como con la época en que vivió. Su amigo nos dijo que Manny (o Emmanuel) era conductor a bordo de un barco, y que no tenía dudas que él mismo había estado allí y no algún otro espíritu.

Tanto el espíritu como el orador eran extraños para mí, como era el caso de la mayoría de los que acudían a nuestro círculo; esta conversación, a pesar de ser muy natural entre amigos que se reencontraban después de una separación de unos años, nos impactó como lo haría algo completamente extraño e incomprensible. Estábamos convencidos que los espíritus no tenían necesidad de hacer preguntas como las de Emmanuel Lynch. Nos pareció que este espíritu regresaba de un largo viaje y quería saber los cambios ocurridos en su ausencia.

Una noche, mientras estaba sentada tranquilamente en la oficina, escuchando lo que se decía afuera, noté unas palabras dichas junto a mi oído, lo que me hizo estremecerme y ponerme en una posición favorable para escucharlas atentamente. Escuché a alguien hablar en francés cerca de la oficina y entendí que esas palabras estaban dirigidas a un espíritu que estaba parado entre las cortinas abiertas. Lo había visto salir, salir a la luz, pero el particular cansancio que experimento cada vez que estas formas se materializan me había impedido seguir atentamente sus movimientos. Al escuchar este extraño lenguaje, me desperté, como si algo nuevo fuera a suceder, y las palabras *"ma petite, ma fille"* despertaron en mí tal curiosidad que definitivamente quise ver al espíritu. Habiendo obtenido permiso para dejar mi silla en la oficina, salí lentamente y con dificultad de las cortinas, donde apareció una figura insulsa. ¡Oh! sorpresa. Me encontré cara a cara conmigo misma, al menos así me lo parecía a mí.

El espíritu materializado era un poco más grande y robusto que yo; tenía el pelo más largo, rasgos más toscos y ojos más grandes; sin embargo, al contemplar este rostro, pensé que estaba viendo un espejo, tan grande era el parecido.

El espíritu puso sus manos sobre mis hombros y, mirándome atentamente, murmuró:

– "*Mignonne, ma petite.*"

A pesar de estar feliz de encontrarme frente a un familiar, aunque sea desconocido, no dejaba de experimentar cierto miedo, superando cualquier otra sensación; no podría decir que reconocí a esta pariente, porque mis ojos nunca la habían visto. Sin embargo, no dudaba de su identidad y su extraño parecido fue una revelación para mí. Nunca escuché que me pareciera a ella, ni conocía a nadie que la hubiera visto o pudiera darme información sobre ella.

La "dama francesa", como la llamábamos, era una de nuestras pocas visitantes del otro mundo capaz de expresarse con palabras; la mayoría de los espíritus se hacían entender mediante signos o gestos, cuando debían respondernos. Ella se convirtió en mi amiga particular, como todos sabían, y vino principalmente por mí, a pesar de ser más atenta con los demás miembros del grupo. El papel especial que desempeñaba en las sesiones le impedía tal vez expresarme su afecto, pues notaba que cualquier preocupación de mi espíritu, cualquier interés que despertaba en ella, producía un notable debilitamiento en su poder; por lo tanto, fue testigo de mucha mayor atención hacia los demás, especialmente hacia el Sr. F..., el único que podía hablar su lengua materna.

Se presentó muchas veces y parecía disfrutar de nuestra compañía. Es curioso que ella inmediatamente distinguiera a las pocas personas de nuestro grupo que pertenecían a la religión católica romana y parecían más cómodas en su compañía.

Un día, una de estas señoras católicas le obsequió un rosario, del cual colgaba una pequeña medalla, diciéndole, si no recuerdo mal, que había sido bendecido por el Papa. La "dama francesa" recibió el rosario y, desprendiendo inmediatamente la pequeña medalla, se acercó a la estufa, donde ardía un buen fuego, y deliberadamente la arrojó allí, con gran horror de la católica dama.

A nuestras preguntas sobre este extraño procedimiento, ella respondió fríamente que era necesario purificar la medalla.

¡Muchas horas después, la medalla, buscada entre las cenizas, fue encontrada clara y brillante! Cuando la "dama francesa" regresó en la siguiente sesión, le ofrecieron la medalla; y ella, después de examinarla atentamente, nos permitió unirla nuevamente al rosario, que ella conservaba y parecía apreciar mucho.

Luego dejó de asistir a nuestras sesiones durante mucho tiempo; su gran parecido conmigo siempre fue motivo de admiración y comentarios. Cuando estábamos separadas, a menudo nos tomaban el uno por el otro; y, cuando estábamos juntas, las pequeñas diferencias de las que ya he hablado se hicieron patentes y dignas de notarse. Un día vino a nuestra reunión un clérigo anglicano. La "dama francesa" estaba sentada a mi lado y extendió su mano para estrecharle la mano. Él nos miró y pareció desconcertado y nervioso cuando notó nuestra similitud, incapaz de establecer la diferencia entre el espíritu y yo. ¡En lugar de tomar la mano que el espíritu le tendía, él, en su vergüenza, tomó y estrechó la mano de la persona que estaba más cerca!

XXI.-
Una experiencia amarga

"La experiencia es un maestro cruel."

Carlyle

Dudé un poco antes de decidirme a publicar el relato de la amarga experiencia que vivimos, y que para mí fue causa de largos años de sufrimiento físico y moral. Pero, como esta obra es un registro fiel de mis experiencias, reconozco que no me está permitido omitirla. Las mejores lecciones de la vida son muchas veces las que nos cuestan más lágrimas y, aunque este sufrimiento me dolió mucho, la lección que aprendí me introdujo en los misterios de los fenómenos espíritas mucho mejor que una vida de éxitos.

El triunfo que había coronado nuestras experiencias me había cegado, en gran medida, respecto de las condiciones necesarias para la producción de las manifestaciones espíritas. Quizás lo mismo hubiera pasado con mis amigos. Inconscientemente o, tal vez, por intuición, habíamos adoptado muchos de los medios necesarios para tener éxito, y el resultado parecía justificar la idea que bastaría con reunir todas nuestras energías para obtener lo que deseábamos respecto de los fenómenos.

Cómo se produjeron los hechos es lo que no pudimos entender. Sabíamos que la presencia de ciertas personas los favorecía, mientras que la de otras los contradecía, como las temperaturas extremas o las tormentas, por ejemplo, que inutilizaban los resultados; más allá de estas reglas elementales; sin embargo, considero que no estábamos en posesión de ningún conocimiento positivo. Íbamos a tientas y los éxitos que conseguimos se debieron, sin duda, más a una serie de circunstancias favorables que a nuestro conocimiento científico del tema.

Nuestro éxito constante era una fuente de peligro para nosotros. Ya he hablado del vago sentimiento de inquietud que me provocaron las acciones de Yolanda. Aunque la consideraba perfectamente libre e independientemente de toda autoridad terrenal, nunca podría expulsar de mí una especie de ansiedad por ella, algo parecido a la perturbación que experimenta una madre cuando su pequeño hijo escapa a su supervisión y corre el riesgo de traspasar los límites justos. No creo que mi preocupación se haya expresado nunca con palabras; en una palabra, yo mismo no conocía la causa de mi miedo.

Mi amiga, la señora F..., iba a dejar Inglaterra y yo estaba decidida a acompañarla. Mi partida pondría fin a nuestras sesiones. Este tipo de estudio empezaba a resultarme difícil y me anticipaba al descanso que iba a tener.

Todo nuestro equipaje, utensilios del hogar, cuadros, porcelanas, etc., estaban empacados, y este trabajo nos había cansado mucho. Después de haberlo visto todo sano y salvo a bordo del vapor que nos iba a transportar hacia el norte, nos dirigimos a casa de un amigo que nos había ofrecido hospitalidad los días previos a nuestra partida. Prefiero acostarme temprano que tener que ir a una sesión; pero me estaban esperando, y no tuve más remedio que tomar un lugar entre mis amigos, prometiéndome, a cambio, dormir un poco en la oficina.

El trabajo agotador que habíamos hecho con los preparativos del viaje, la entrega de un dibujo, la promesa de varios más, las visitas que tuvimos que hacer y recibir, los enfermos de los que tristemente fui separada y muchas cosas más me provocaron noches de insomnio. y días llenos de agitación. Entonces no sentí el más mínimo interés por los espíritus; esperaba que no me retuvieran por mucho tiempo y, después de retirarme a la cama, no despertaría hasta el mediodía del día siguiente.

No sé cómo empezó la sesión; había visto a Yolanda ponerse la jarra al hombro y salir de la oficina. Sin embargo, más tarde descubrí lo que pasó.

Lo que experimenté fue una sensación angustiosa y horrible, como si quisieran asfixiarme o aplastarme, como si fuera un muñeco de goma estrujado violentamente en los brazos de alguien. Después me sentí invadida por el terror, avergonzada por la agonía del dolor; pensé que iba a perder la razón y caer en un horrible abismo, donde no veía nada, nada oía, nada entendía, excepto el eco de un grito desgarrador que parecía venir de muy lejos.

Sentí que caía, pero no sabía dónde. Intenté agarrarme, agarrarme a algo, pero me faltaba apoyo; me desmayé y solo recobré el sentido para estremecerme de horror, ante la idea de haber recibido un golpe mortal.

Mis sentidos parecían dispersos, y solo poco a poco pude concentrarlos lo suficiente como para comprender lo que había sucedido. A Yolanda la había agarrado alguien que la tomó para mí.

Eso es lo que me dijeron. Este hecho fue tan extraordinario que, si no me hubiera encontrado en tan doloroso estado de postración, me habría reído, pero no podía pensar ni moverme. Sentí que quedaba poca vida en mí y este soplo de vida era un tormento para mí. La hemorragia pulmonar, que durante mi estancia en el Sur aparentemente había sido curada, reapareció y un torrente de sangre casi me asfixió. Esta sesión resultó en una larga y grave enfermedad para mí, que retrasó nuestra salida de

Inglaterra durante muchas semanas, ya que no podía ser transportado.

El shock había sido terrible y, lo que era peor, no tenía capacidad para comprenderlo. Nunca se me había pasado por la cabeza que alguien se atreviera a acusarme de impostura. Yo había sido la esposa de César[6], al menos en mi opinión, había trabajado con mis amigos, primero con el deseo de educarme y luego por amor a la causa, para darla a conocer.

Moralmente, sufrí menos por el acto de este hombre que por los sentimientos de venganza que surgieron en otro miembro de nuestro grupo. Este último fue un artista digno; aprecié mucho los consejos que me dio respecto a mis dibujos y deseaba pagar sus lecciones; él; sin embargo, no quiso aceptar mi dinero, diciendo que entre colegas no se discutía la cuestión pecuniaria. Sin embargo, sus ideas repulsivas sobre el matrimonio - así las consideraba -, me llevaron a evitar su compañía. Esto fue sin duda lo que provocó el cambio de opinión que tenía sobre mí y las calumnias que difundió.

Actualmente se encuentra en el mundo espiritual y ahora puede ver que quien insulta a su prójimo reduce las posibilidades de su propia felicidad.

Nunca más lo volví a ver y me entristeció saber que había muerto en un hospital para locos, donde anteriormente había estado internado en varias ocasiones. Desconocía esta circunstancia, que me habría explicado muchas de las particulares y extraordinarias ideas que a él le gustaba formular y que yo no podía comprender.

Ninguno de los miembros de nuestro grupo merecía ninguna censura por mi parte. Probablemente el primero no había pensado en los sacrificios que estaba haciendo, el trabajo que

---

[6] Esposa de César; alusión histórica a una reputación de honestidad, que se declara inexpugnable. (EH.)

habíamos realizado, los años de estudio que habíamos dedicado para llegar a nuestra situación actual. Era un iconoclasta, que creía que estaba haciendo el bien, destruyendo dioses falsos, en su opinión.

Tiempo después pensé que sus sospechas eran excusables, debido al extraordinario parecido que existía entre yo y la "dama francesa", a quien había visto a menudo. En cuanto a Yolanda, parecía tan perfectamente humana que este hombre ignorante podía fácilmente engañarse sobre su naturaleza espiritual al verla pasar a su lado. ¡La tentación era demasiado fuerte!

XXIII.-
El reinicio

"Dios me prohibió hacer eso y lo evito.
Muramos varonilmente; no manchemos nuestro honor."

I Macabeos, 9:10

El resultado de este mal incidente fue, primero, un duro golpe para mi salud y luego, un completo horror ante los fenómenos espiritistas, de los que ni siquiera quería oír hablar durante algunos años. Sin embargo, gracias al aire limpio de Suecia, su claro sol y la vida activa que llevaba, corriendo por los bosques, navegando por los lagos, trabajando en mi jardín, haciendo excursiones a caballo y en carruaje, mi salud mejoró, aunque tomó muchos años para su completa recuperación.

Con la recuperación de mis fuerzas pude, en cierto modo, liberarme de la depresión moral que me invadía y, a pesar de mis resoluciones en contrario, un día me encontré reflexionando sobre el por qué y el cómo del desastre que me había sucedido. Me había ocurrido en Inglaterra. Sin embargo, viviendo entre un pueblo cuya fe natural en Dios y las enseñanzas de la Biblia nunca había sido sacudida, no tenía otra manera de ejercitar mis facultades que sanando a los enfermos. En este campo, principalmente, se dio a conocer y apreciar la fuerza del espíritu.

Estos pobres viven una vida muy dura en estas regiones de bosques casi vírgenes, donde las chozas están esparcidas en pequeñas parcelas de tierra cultivable y sin ninguna comunicación con el mundo exterior.

Los campesinos cultivan centeno para hacer pan y algunas patatas, que luego deben conservarse cuidadosamente de las heladas de un largo invierno.

El centeno y las patatas son los principales productos básicos que impulsan el mercado; y esta gente pobre se cree muy feliz cuando su pequeña parcela de tierra produce lo necesario para vender o intercambiado por algodón y lana, utilizados para confeccionar ropa familiar, ocupación que realizan en invierno, cuando el suelo está completamente cubierto de hielo. Son pobres, pero felices mientras tengan fuerza y salud; sin embargo, cuando ocurre un accidente o una enfermedad, su suerte es verdaderamente lamentable. Por lo tanto, necesitábamos cuidar de mucha gente. Al médico, llamado a visitar a los campesinos enfermos, parecía importarle poco la vida de sus clientes o, al menos, la de sus clientes pobres.

Si iban a buscarlo un mal día de invierno, mostraba gran renuencia a emprender un largo viaje en trineo; y si, después de recoger toda la información posible sobre el estado del paciente, juzgaba que no se trataba de un caso de vida o muerte, o que el paciente no era lo suficientemente importante, desde el punto de vista social, como para poder acusarlo acusado de negligencia, invariablemente decidía posponer su visita. No creo que haya muchos médicos similares; sin embargo, debido a este procedimiento, los pobres vinieron desde muy lejos a pedirnos ayuda, pues sabían que teníamos una pequeña provisión de medicinas, algo necesario cuando se vive lejos de las ciudades.

Mi clientela aumentó rápidamente y constantemente solicitaba la ayuda de mis amigos espirituales. El médico, después de algún tiempo, no puso objeciones a las recetas que le di, no porque creyera en los espíritus, sino porque así evitaba hacer viajes agotadores. Al ver que no le recetaba venenos, aceptó felizmente mis diagnósticos y me escribió las recetas necesarias.

Debo decir, a pesar de la sorpresa que esto causa, que durante ese tiempo solo se registraron dos casos de muerte, y la de dos pacientes que estaban exclusivamente bajo el cuidado del médico.

Ésta fue la única manera en que luego hice uso de mis dotes mediúmnicas, hasta el momento en que nuevos cambios de vida me pusieron en contacto con personas que estudiaban el Espiritismo y sus fenómenos. Eran, en su mayor parte, personas que, a pesar de estudiar filosofía espírita, les faltaba práctica, ya que no tenían la oportunidad de vivir experiencias personales.

Algunos me habían apoyado anteriormente con su simpatía, y solo pude sentir un ferviente sentimiento de gratitud hacia ellos cuando, a pesar de las calumnias que difundieron, no dudaron en extenderme su mano amiga, asegurándome su fe inquebrantable.

Se organizó con feliz éxito una serie de sesiones con el objetivo de obtener fotografías de espíritus materializados. Un informe completo de nuestros experimentos fue publicado en *Médium & Daybreak*, el 28 de marzo de 1890, y las fotografías obtenidas fueron reproducidas el 18 de abril del mismo año, en la misma revista. Las fotografías fueron tomadas bajo luz de magnesio y, aunque estaba muy interesado en el éxito de estas pruebas, me di cuenta que la luz había actuado dolorosamente sobre mis nervios, que se habían vuelto demasiado sensibles durante las sesiones.

Fue durante estas experiencias que comencé a atribuir a su verdadera causa ciertos efectos particulares que ocurrían después de las sesiones. Desde el comienzo de nuestros estudios me di cuenta que estaba sufriendo, más o menos, náuseas y vómitos después de las sesiones de materialización y lo acepté como una consecuencia natural de los acontecimientos, que no podía evitarse.

Siempre había sido así, excepto cuando estamos rodeados únicamente de miembros de nuestro grupo familiar o de niños.

Durante las sesiones de fotografía, estos malestares aumentaron hasta tal punto que generalmente, durante uno o dos días después de cada encuentro, me encontraba en un estado de completa postración y, como todos los síntomas eran los de una intoxicación por nicotina, experimentamos y descubrimos. que ninguna de estas sensaciones aparecía cuando las personas presentes no tenían el hábito de fumar. De la misma manera, cuando los enfermos formaban parte del círculo, yo invariablemente sufría en las horas siguientes. La compañía de personas que tenían el hábito de beber alcohol me provocaba una sensación de malestar casi tan desagradable como la que me provocan los fumadores.

Estas sesiones fueron muy útiles. Aprendí que muchos hábitos comunes a la mayoría de los hombres son perjudiciales para los resultados de las sesiones y, en todos los casos, para la salud del médium. Probablemente me había vuelto más sensible a estas influencias, porque nunca había notado efectos tan pronunciados en Inglaterra. También es posible que, por feliz casualidad, hubiera pocos fumadores en nuestro círculo inglés. No sé por qué, pero todos los suecos en nuestra reunión eran fumadores y eso me hizo sufrir.

Otro resultado de estas sesiones fue tan completamente inesperado que, en las semanas siguientes, me pregunté si no había tenido un mal sueño, de cuya impresión pronto me liberaría.

Un día, uno de mis jóvenes amigos me dijo:

– Querida amiga, mañana es mi cumpleaños. ¿No piensas hacerme un regalo?

- ¿Por qué no?

– Bueno, si aun no lo has comprado, regálame una sesión. Sabes que he hablado de ellos con mucha gente, y que todos me piden siempre permiso para asistir a estas obras. Creo, por tanto, siempre que esto no te contradiga, que la sesión es el mejor regalo que me puedes hacer.

Asentí, muy feliz de ver a mi amigo mostrar tanto interés por el Espiritismo. Ernesto - así se llamaba -, luchó; sin embargo, con dificultad para organizar esta reunión y pasaron muchos días antes que se llegara a un acuerdo definitivo. Las solicitudes eran muchas, pero el número de personas que debían ser admitidas no podía exceder de 20 o 25. Todos los invitados me eran relativamente desconocidos, y solo a algunos los conocía por su nombre.

Uno de los invitados, el hijo del editor de un periódico local, era, como supe más tarde, un teósofo entusiasta y estaba muy interesado en el resultado de la sesión; él también era fotógrafo, y fue principalmente por eso que di mi consentimiento para que se tomaran fotografías de las formas materializadas.

La idea fue aplaudida y, mientras se organizaban una serie de sesiones fotográficas, muchos de los asistentes originales quisieron participar.

El citado fotógrafo registró fiel y minuciosamente el trabajo de cada sesión y continuó sus investigaciones con el más vivo interés. Su entusiasmo se transmitió a los demás y los resultados obtenidos fueron mucho más allá de lo que podríamos haber esperado.

Las manifestaciones espíritas no parecieron sufrir nada, gracias a la severa elección que presidió la organización del grupo. Realmente me pareció que nuestros amigos invisibles se esforzaban por triunfar sobre todos los obstáculos que se interponían en su camino, logrando el éxito total en todo.

Muchas fotografías fueron tomadas con luz de magnesio;

Estas fotografías, que para nosotros eran otra fuente de satisfacción, se convirtieron en manos de nuestros enemigos en un pretexto para atacarme personalmente. No puedo decir que el fotógrafo hubiera simulado el entusiasmo del que fue testigo, o simplemente fue víctima de la venalidad por parte de sus amigos, deseosos de hacer buenos negocios publicando artículos sensacionalistas. Prefiero creer que fue solo un instrumento de la calumnia ajena. Tomó cuidadosamente sus notas en cada sesión y, cuando terminaron nuestras reuniones, me entregó un manuscrito que, con mi consentimiento, pensaba publicar algún tiempo después.

Las condiciones de admisión a las sesiones habían sido tales que nuestras experiencias debían considerarse estrictamente privadas, y nada podía publicarse al respecto sin mi autorización. Como los demás, el fotógrafo había aceptado esta cláusula. Leí rápidamente el manuscrito y lo copié; taché mi nombre en todos los lugares donde estaba escrito y envié el original a su destinatario, satisfecho de su imparcialidad en el asunto y de sus buenas cualidades como observador. En este manuscrito se expresaba como alguien que había adquirido ciertas convicciones, pese a conservar algunas dudas; sin embargo, a este respecto no tuve ninguna objeción que presentar, ya que adopté las mismas opiniones. Un hombre que no tiene dudas de ganar en sus investigaciones no puede ser un buen aliado. Sin embargo, cuando el artículo apareció unos días después, sin mi consentimiento ni el de mis asistentes, estaba tan mutilado, tan plagado de acusaciones y calumnias, que casi me quedé paralizada por el horror, negándome a creer en mis afirmaciones.

Me era imposible entender cómo alguien podía mostrar tanta amistad, esforzarse tanto en escribir de manera imparcial y, al mismo tiempo, publicar cosas diametralmente opuestas a los hechos verificados, no solo por él, sino también por los otros asistentes. Cuando comparo los dos artículos y trato de explicarlos, me parece increíble que la misma persona haya escrito ambos.

El espacio no me permite reproducir aquí las dos narraciones, pero en el próximo volumen las daré palabra por palabra, para que mis lectores puedan buscar la verdad y resolver el misterio.

No tengo ningún motivo personal para hacerle daño a este callejero, cuyo nombre ni siquiera menciono. Pero, como este libro tal vez caiga en manos de alguien que haya leído estos relatos mutilados, mi silencio podría ser tomado como una confirmación de estas falsedades y, en consecuencia, hacerlas circular como verdades, ya que aun no he publicado el informe de estas sesiones, para demostrar claramente que el público había sido engañado. Por lo tanto, por simple sentimiento de deber hacia este público y, en particular, hacia aquellos que fueron engañados, decidí dar esta explicación.

La narrativa en cuestión fue reproducida en todos los periódicos del país, ampliada, alterada y exagerada; en muchos de los periódicos más respetados aparecieron artículos detallados y de la naturaleza más maliciosa, lo que obligó a los suecos a cuidarme durante tres semanas. En aquel momento la indignación de mis amigos era tal que tuve que intervenir para frenar ciertos proyectos que estaban gestando para castigar a mis detractores.

Si no fuera por el apoyo leal de algunos de mis amigos, no podría soportar tantas diatribas. Todos me aconsejaron que me fuera por un tiempo; el propio promotor del escándalo, probablemente consternado por la tormenta, fue uno de los primeros en dar este consejo. Pero, a pesar de querer irme, de escapar de las cartas anónimas que recibía a diario, llenas de innobles calumnias, de escapar de los insultos que encontraba en cada esquina de las calles, me asustaba mucho la idea de darle la espalda a mis enemigos, de hacerles creer que sus acusaciones estaban bien fundadas. Por tanto, permanecí en mi puesto, continuando con mi trabajo diario.

Fue una experiencia terrible que me habría aplastado si no hubiera tenido la conciencia tranquila. Pero esta continua vergüenza comenzó a afectar seriamente mi salud, y fue con gran dificultad que, a veces, encontré el coraje necesario para salir a mi caminata diaria y sufrir importantes burlas por parte de las personas que conocía.

Fue en ese momento que las palabras tantas veces repetidas por mi padre: "*Haz lo que debas, pase lo que pase*", se me presentaron como un ancla de salvación. Las repetí a menudo para ganar fuerza y coraje.

No me fui y la corriente de hostilidad fue desviada por una reacción que luego se produjo. La violencia de los periodistas suscitó un elemento de antagonismo, incluso entre personas que aun no habían prestado atención al tema espírita; fue por un sentido de caballerosidad que ahora defendieron a una mujer perseguida sin piedad. Me rodearon nuevos amigos y se ganaron para la causa muchos seguidores sinceros, entre personas que tal vez nunca habían oído hablar del tema, salvo las críticas injustas que se hicieron contra mí.

Posteriormente, ese mismo año, se organizó otra serie de sesiones, en las que participó un viejo y precioso amigo, el ilustre Alexander Aksakof, de San Petersburgo, quien, con algunos de sus amigos de Rusia, se dignó en hacerme una visita. Como nuestra intención era fotografiar formas materializadas, el círculo estaba formado únicamente por estos amigos, gente de casa y algunos otros que fueron amables con nosotros, elegidos entre los asistentes más antiguos.

Se obtuvieron muchas fotografías, pero ninguna era del todo buena o, al menos, como deseábamos; sin embargo, logramos lograr cosas inesperadas que no habíamos pedido. Algunos de estos resultados fortuitos han llegado a ser de mucho interés; una de ellas fue la fotografía accidental de la figura de un hombre. La oficina se iluminó con luz de magnesio para saber utilizarla sin obstáculos en la siguiente sesión. Cuando brilló la luz, hubo una exclamación general: "Vi el rostro de un hombre detrás de Madame d'Espérance." Este cliché pronto se revirtió y en él se podía ver claramente el rostro de un hombre que parecía estar colocado encima y detrás de mi silla; ese rostro se volvió más agradable de mirar que el mío, porque la luz brillante del magnesio me había hecho contraer los ojos y las facciones de tal manera que presentaba rasgos extraños. ¿Quién era este hombre? Walter nos lo explicó más tarde.

La narración fue publicada íntegramente en *Médium & Daybreak*, el 21 de abril de 1893, y posteriormente reproducida, en forma de folleto, en Alemania y Escandinavia, con el título *Los muertos están vivos*.

La historia de este hecho, con los acontecimientos posteriores relacionados con él, es demasiado larga para relatarla aquí; pero indicaré sus puntos principales. Un día, el 3 de abril de 1890, estaba muy ocupada escribiendo cartas privadas, cuando, dudando en escribir algunas palabras, mi mano escribió: "Sven Strömberg." Molesta por haber inutilizado mi carta, tiré el papel en un cajón y lo olvidé; sin embargo, sucedió que luego mencionó este incidente en una carta escrita en la sesión.

Cuando le preguntamos a Walter si conocía a la persona fotografiada, respondió escribiendo: "¡Oh! sí, su nombre es Sven Strömberg; murió en Canadá, Estados Unidos, el 31 o 13 de marzo, no estoy muy seguro; me dijo que vivía en un lugar llamado Jemland o algo parecido; su esposa e hijos, seis en total, todavía están en Estados Unidos. Lo apreciamos mucho y le pide que informe a su familia de su muerte sin demora."

Le pedimos a Walter que nos diera más información sobre esto, pero parecía haber olvidado los detalles. Al día siguiente, nos escribió que Sven Strömberg, después de haber emigrado con su joven esposa desde su pueblo natal de Ström, nombre que adoptó al llegar a Canadá, se había instalado en un lugar apartado llamado

Nueva Estocolmo, donde nacieron sus hijos. y donde murió el 31 de marzo de 1890, tres días antes de escribir su nombre a través de mí. Había pedido a su esposa que comunicara la noticia de su enfermedad y muerte a su familia en su país natal y, cuando ella no lo hizo, deseó que otros brindaran este servicio. Ésta es la explicación de su reciente aparición entre nosotros.

Walter nos contó la historia completa con su habitual broma, intercalada con insinuaciones contra el fallecido Sven Strömberg, cuyo deseo parecía haber sido hacer entender a sus amigos en Suecia que se había convertido en un personaje importante en Canadá.

El Sr. F... intentó informar a la familia de Sven de su muerte. La historia fue comunicada al cónsul Öhlén, representante de Suecia en Winnepeg, a quien se le pidió que realizara las investigaciones necesarias para descubrir qué había realmente allí. Vivamente impresionado por el hecho, publicó la carta del Sr. F... en el *"Canaden-Saren"* y en el *"Manitoba Free Press"*, y el resultado fue que se obtuvo una confirmación completa de la narración y de cada detalle dado por Walter. Más tarde, alguien, después de leer el artículo en ese periódico, se lo llevó a la señora Strömberg, la viuda, y ella declaró que realmente había tenido la intención de informar a sus familiares en Suecia sobre esta muerte, pero que había dejado de enviar la carta, ya que la oficina de correos más próxima estaba a doce millas de su casa y no tuvo tiempo de tomarla, porque, con la pérdida de su marido, estaba sobrecargada de trabajo. La pobre señora se asustó tanto cuando leyó la carta del Sr. F..., que inmediatamente envió la suya al correo.

He aquí, en resumen, las particularidades de este hecho. El informe completo de esta correspondencia, con la enumeración de los hechos relatados y la verificación de todos los detalles, está en posesión del señor Fidler, de Gotemburgo, quien trabajó mucho en esta verificación.

Otro hecho inesperado me interesó mucho más que la aparición de Sven Strömberg, cuyo nombre acabó por aburrirme después de escucharlo tantas veces. Este hecho fue la producción más hermosa de Yolanda y también la última, porque se despidió de nosotros y nunca volvió, como pensábamos entonces.

XXIII.-
El lirio dorado: la última *producción de Yolanda*

"Que cada uno tome una varita, en cada una de las cuales escribirás el nombre de su dueño. Y sucedió que Moisés, a la mañana siguiente, entrando en el Tabernáculo, encontró solo la vara de Aarón, de la casa de Leví, florecida, con capullos, flores y frutos."

Números, 17:2 y 8.

El último trabajo de Yolanda fue uno de los hechos inesperados que mencioné. Sucedió durante las sesiones de Aksakof, como seguimos llamándolas. Aunque eran ricos en resultados de todo tipo, aun no habíamos logrado el fin especial que teníamos a la vista; estaba empezando a temer que nuestros esfuerzos fueran inútiles. Este fastidio y aborrecimiento privado afectaba mis nervios; el solo hecho de saber que estas cosas podrían obstaculizar el éxito fue un pensamiento mortificante para mí. La ansiedad es difícil de superar y, aunque me esforcé al máximo, no tenía motivos para ser engreída.

La noche del 28 de junio de 1890 estábamos reunidos en el lugar habitual para nuestras sesiones.

Era la gran sala de la casa, de forma octogonal, iluminada por una lámpara de araña de cristal de colores. Habíamos dispuesto esta habitación de modo que la luz fuera muy suave y se distribuyera uniformemente por todos lados. Esa noche las condiciones, en todos los sentidos, parecían las peores posibles. En primer lugar, me había lastimado accidentalmente el brazo. Cuando encendí un quemador de gas, la cerilla cayó sobre mi vestido y la muselina se incendió inmediatamente. Tenía los brazos descubiertos; sin embargo, aunque la llama se apagó pronto, mi brazo izquierdo sufrió una dolorosa quemadura. En segundo lugar, había sufrido todo el día un dolor leve, pero incómodo en los dientes.

Estos pequeños contratiempos, unidos al impacto causado por el violento viento que sacudió la casa hasta sus cimientos, no nos auguraban un gran éxito. Se hizo una propuesta para posponer la sesión hasta la noche siguiente, pero esto no gustó a la mayoría de nuestros amigos; y explicándole el asunto a Walter, nos dijo que Yolanda quería hacer un experimento.

Por tanto, solo nos quedaba ocupar nuestros lugares habituales. Pero no fue fácil mantener una actitud pacífica; el ruido de puertas y ventanas chirriando o golpeando por todas partes, impulsado por el viento, y el sonido de ventanas rotas, tenían un efecto irritante en nuestros nervios, particularmente en los míos. A medida que avanzaba la noche, la violencia de la tormenta disminuyó, pero, juzgando por experiencia que en tales condiciones no se podía esperar éxito, estaba a punto de proponer suspender la sesión, cuando olí un aroma de flores, que aumentó hasta convertirse en inaguantable. No me gustan los perfumes fuertes y este por su intensidad me resultó perjudicial.

Walter nos dijo por escrito que mantuviéramos la mayor calma posible y pidió que nadie me hablara, porque Yolanda iba a traer una flor y, como afuera las condiciones eran malas, debíamos hacer todo lo posible para ayudarla.

Hicimos lo mejor que pudimos y la esperanza de lograr algo nos devolvió el buen humor. Teníamos cerca arena, agua y un jarrón para flores, como siempre, aunque hacía muchos meses que no nos pedían nada de eso.

El perfume era tan intenso que me sentí un poco asfixiada. Extendí la mano con la esperanza de tocar flores, pero no sentí nada. Entonces algo grande, pesado, frío y húmedo cayó sobre mí. Lo primero que pensé fue que era un objeto viscoso o un cadáver, y me sentí tan horrible que casi pierdo el conocimiento. Estaba sosteniendo la mano del Sr. Aksakof y él notó que estaba recibiendo una serie de descargas eléctricas. Cada una de estas descargas me hacía sudar profusamente y cada contacto era doloroso.

El dolor de la quemadura desapareció de mi brazo y también quedó olvidada la neuralgia dental. Pero cosa extraña, bueno, todos notaron que a Yolanda la sostenía del brazo, como si sintiera ayuda; tocada por alguien, se alejó como si alguien la hubiera lastimado.

Al sentir mucha sed, bebí mucha agua, pero no pasó nada inusual durante esta sesión. Lo que sucedió detrás de las cortinas lo supe más tarde por las notas del Sr. F...: Yolanda, asistida por el Sr. Aksakof, había mezclado arena y arcilla en el florero, que luego cubrió con su velo, como lo había hecho anteriormente con la botella de agua en la producción de "*Ixora crocata*", en Inglaterra.

La tela blanca se elevó, siempre lentamente, y se extendió hacia los lados a medida que ascendía. Yolanda ajustó este velo hasta alcanzar una altura mayor que la suya; luego lo quitó con cuidado, dejándonos ver una planta alta, cubierta de flores y con el fuerte perfume del que me quejaba.

Se tomaron las siguientes notas: Esta planta medía unos siete pies de largo desde la raíz hasta el punto más alto, o aproximadamente un pie y medio más larga que yo. Incluso inclinado por el peso de las once grandes flores que sostenía, seguía siendo más alto que yo. Las flores eran perfectas, medían veinte centímetros de diámetro; cinco estaban en plena floración, solo tres se estaban abriendo y los otros tres todavía estaban en capullo. Ninguna de ellas mostraba la más mínima mancha o signo de compresión y todas estaban húmedas de rocío. Fue admirable; pero el perfume del lirio empezó a dolerme a partir de esa noche.

Yolanda se mostró muy satisfecha con su trabajo y nos dijo que, si queríamos fotografiar el lirio, era necesario hacerlo sin demora, porque tenía orden de devolvérnoslo. Se colocó junto a la verdura y el señor Boutlerof realizó dos pruebas fotográficas. El señor Boutlerof nos dijo:

– Mis pruebas no son bellas muestras de arte fotográfico, pero son fieles y, considerando las malas condiciones de la sesión, solo podemos sorprendernos de haberlas obtenido.

La fotografía fue tomada con luz de magnesio. Después los espíritus nos pidieron que mantuviéramos la calma para que Yolanda pudiera desmaterializar la planta. Intentamos cumplir con esta petición, pero las circunstancias no eran lo suficientemente buenas para que estuviéramos lo suficientemente tranquilos. Por eso, pasada la medianoche supimos que Yolanda, desesperada, no había logrado desmaterializar la planta. Walter escribió: "Yolanda no obtuvo la planta excepto con la condición que la devolviera, pero entiende que la médium está agotada y ya no puede soportar el trabajo. Deben mantener la planta en la oscuridad hasta que ella pueda venir a buscarla."

Los señores Fidler y Boutlerof la llevaron entonces a un rincón oscuro de la habitación vecina, donde la encerraron a esperar nuevas instrucciones. Nos habían recomendado que no lo expusiéramos a la luz, para no aumentar la dificultad de Yolanda a la hora de volver a ella; pero la curiosidad fue más fuerte y una mañana llevamos el lirio a la habitación para fotografiarlo en diferentes posiciones. Si no pudiéramos preservar la planta tan extrañamente generada, al menos tendríamos pruebas completas de su indiscutible realidad. Sentí pena por Yolanda; parecía preocupada por el destino del gran lirio que visiblemente comenzaba a morir. Creo que hizo tres intentos de desmaterializarlo, el último de los cuales fue el 5 de julio. Ese día, la planta desapareció tan misteriosamente como había llegado. Todos sabíamos que a las 9:23 pm ella todavía estaba con nosotros, y 7 minutos después ya había desaparecido, dejándonos sin más rastros de su existencia que las fotografías que le habíamos tomado y dos flores que permanecían allí en el suelo. La tierra había sido retirada de la vasija, donde permaneció durante ocho días, sin dejar rastro alguno. Muchos de los miembros de nuestro círculo declararon que la planta desapareció instantáneamente. El perfume pareció esparcirse por la habitación por un momento y luego desapareció. No se pudo fijar el momento exacto de la desaparición del lirio, ni la forma en que fue transportado; lo cierto es que el lirio ya no estaba allí.

Durante la semana que el lirio estuvo con nosotros tuvimos muchas conversaciones con Walter al respecto. Queríamos obtener permiso para fotografiarlo - lo que luego hicimos por nuestra cuenta -, y le pedimos a Walter que nos ayudara a cumplir nuestro deseo. Primero preguntamos:

– ¿Qué van a hacer con *Lilium auratum*?

– No puedo decir nada al respecto; Yolanda está muy preocupada por él y quiere llevárselo hoy.

– ¿Y no podríamos pagarlo para conservarlo?

– Podrías, si supieras de dónde viene, pero la propia Yolanda no puede decírtelo. En cualquier caso, hay que quitárselo si puede conseguir, de lo contrario se quedará allí.

– ¿A qué se debe esa absoluta necesidad de eliminarlo?

– ¿Aun conoces tan poco tu catecismo? Le dijeron a Yolanda que no se quedara con lo que no le pertenece. De nada sirve razonar con personas de tu propio sexo. Quiere llevarse el lirio y creo que lo hará.

– ¿Podemos traerlo a esta sala para observarlo y tomar algunas medidas?

- No sé. Yolanda dijo que no lo expusieran a la luz.

– Lo regamos con agua.

– No vuelvas a hacer eso, para que no me lo reproche.

– Danos, si puedes, alguna explicación sobre la forma en que se trajo esta planta.

– No puedo hacerlo; solo sé que ella ya estaba aquí cerca de ti la noche de la sesión, a punto de materializarse, al menos una hora antes que la vieras.

– ¿Quieres decir que ella ya estaba aquí antes de la sesión?

– Antes de la llegada de cualquiera de los asistentes. Yolanda me dijo que el plan estaba listo, pero que temía no poder materializarlo, debido a las malas condiciones de esa noche.

Otra circunstancia curiosa respecto al lirio fue que Yolanda, al no poder decirnos de dónde venía la planta, nos dijo que nos lo haría saber de otra manera. La noche de su desaparición, antes que se desmaterializara, encontramos un pequeño trozo de tela gris clavado en el tallo de la planta. ¿Cómo se hizo esto? Todavía era un misterio. Este fragmento de tela no estaba allí cuando la planta fue fotografiada a la luz del sol y, según todas las probabilidades, se había formado allí y no podía ser retirado. Yolanda; sin embargo, invitó al señor Aksakof a cortarlo del tallo, y él así lo hizo.

Allí no se notaba ningún rastro de discontinuidad, aparte de la abertura circular a través de la cual había pasado la varilla. Yolanda nos dijo que trajo esta tela del país donde había crecido el lirio. Al examinar en profundidad este trozo de tela gris, se pensó que debía tratarse de un fragmento del envoltorio de alguna momia, ya que aun conservaba el aroma de los perfumes utilizados en el embalsamamiento.

Llegamos a comprender que la planta fue traída de Egipto. Algún tiempo antes, el señor Oxley le había dado al señor Fidler un trozo de envoltorio de momia, extraído de una de las tumbas reales de las pirámides. Esta tela era muy fina, en comparación con las vendas que se aplicaban en el embalsamamiento de personas menos importantes. Tenía 1.008 mallas por pulgada cuadrada, mientras que la encontrada en el lirio tenía 2.584.

XXIV.-
¿Seré Ana o Ana seré yo?

Después de estas experiencias, mis facultades disminuyeron por algún tiempo, cayendo tanto que, después de haber intentado una o dos veces obtener escritura automática o manifestaciones simples, renuncié por completo al Espiritismo práctico y me entregué a mi trabajo diario de pintura, que siempre daba mayor placer. Algunas de mis producciones ganaron el primer premio en una exposición de arte y uno o dos de mis paisajes suecos se vendieron a precios que me dieron grandes esperanzas para el futuro.

Trabajé seriamente durante un año con la intención de pasar una temporada en Noruega el próximo verano para dibujar. La venta de uno o dos cuadros me dio los recursos, que me enorgullecieron, para emprender el viaje y prometí disfrutar plenamente de mi estancia en Noruega.

Aprecio mucho este país donde hay sol a medianoche, con sus campos y fiordos, sus paisajes salvajes y grandiosos, su cielo glorioso, sus reliquias del culto a los dioses antiguos, sus historias y sus extrañas supersticiones; el país de Odín, Thor y las Valquirias, que velan por las almas de los guerreros muertos en batalla, para conducirlas al Valhalla. Amo a esta gente, a estos atrevidos escandinavos, con su libertad de pensamiento, su honesta y directa sencillez de lenguaje, su carácter caballeroso defendiendo siempre la justicia. Honestos, exigen que los demás también sean honestos en sus acciones y pensamientos. No evitan cumplir un deber cuando de él resulta algo desagradable, o cuando no se comprenden sus motivos, y emplean todas sus energías en lo que emprenden, ya sea una investigación sobre el Espiritismo o un viaje al Polo de las Notas.

Fue, por tanto, con el objetivo de ser útil a algunos de estos buenos amigos que decidí reiniciar los experimentos de materialización, esta vez con un espíritu crítico más severo que antes. Sentí muy bien que, a pesar de mi experiencia en este tipo de fenómenos, estaba lejos de comprenderlos, y que lo mismo les pasó a todas las personas que habían tratado el tema hasta ese momento. Había leído los informes de numerosas sesiones de otros médiums y estaba orgullosa del hecho que, en todas las circunstancias, siempre había mantenido el uso de mis sentidos y nunca había quedado, como ellos, sonambulizado o inconsciente.

Sin embargo, me vi obligada a reconocer que mis sentidos no habían sido de mucha utilidad, ya que no me permitían comprender el *modus operandi* de estas manifestaciones. Sin embargo, sentí una gran ayuda por parte de mis amigos. En primer lugar, parecían tener más conocimientos sobre la teoría y la filosofía espiritistas que yo. Además, notaron y comentaron circunstancias que habían escapado a mi observación o que no me habían parecido de gran importancia. Por lo tanto, debería comenzar estos estudios nuevamente.

Inmediatamente decidí que ya no permanecería detrás de la cortina, perjudicara o no las manifestaciones. Deseaba poder usar mis ojos además de mis oídos. Si un gabinete fuera absolutamente necesario, como decían, estaría preparado, pero yo me sentaría afuera.

Esta decisión mía complicó el trabajo y al principio parecía casi inútil continuar los experimentos, ya que la necesidad de oscuridad hacía casi imposible ver a los espíritus materializados tal como aparecían.

Sin embargo, las condiciones fueron mejorando poco a poco y, finalmente, comencé a creer que había elegido el mejor camino para educarme. Podía observar lo que estaba sucediendo sin tener que depender únicamente de mis oídos. A pesar de todo, todavía no me era posible entender cómo sucedieron estas cosas; vi su formación, observé los resultados, pero el "cómo" y el "por qué" siguieron siendo para mí un misterio impenetrable.

Fue en una de esas sesiones, en Cristiânia, que cierto asistente robó un trozo de tela que envolvía un espíritu. Más tarde descubrí que a mi falda le faltaba un gran trozo de tela cuadrado, que había sido en parte cortado y en parte arrancado. Mi vestido estaba hecho de lana gruesa, del color oscuro, mientras que la tela quitada tenía la misma forma que la que me faltaba, pero era más grande, de color blanco y hecha de una tela tan delgada y liviana como una tela de araña. Un hecho similar había ocurrido en Inglaterra, cuando alguien le pidió a Nínia un fragmento de su amplia vestimenta. Ella había accedido, aunque a regañadientes, y el motivo de su renuencia me explicó después de la sesión, cuando encontré un agujero en el vestido que llevaba por primera vez. Como este vestido era casi negro, preferí atribuir el hecho a algún accidente de Nínia que a una causa psicológica.

Sin embargo, a medida que esto se repetía, comencé a comprender que no era casualidad y que mis ropas o las de los asistentes eran, de alguna manera, el depósito del que salían los brillantes vestidos que envolvían a los espíritus. Este mismo fenómeno ocurrió una o dos veces; sin embargo, cuando el espíritu voluntariamente regaló o cortó la pieza de su vestido, el mío quedó libre de cualquier daño.

Las experiencias vividas con mis buenos amigos, en estas nuevas condiciones, fueron para mí de considerable interés y me ofrecieron motivos de reflexión. Había comenzado a experimentar una sensación desagradable en presencia de estas formas materializadas. No podía analizar mis propias impresiones al respecto, pero un vago sentimiento de duda, que hasta entonces no había conocido, empezaba a preocuparme. No podía saber cómo vino, ni de dónde, y ni siquiera tenía fuerzas para repelerlo; era una especie de obsesión continua.

Ahora que comencé a formar parte del círculo, en lugar de permanecer, como antes, aislada en la oficina, pude observar desde un doble punto de vista: observar los hechos como cualquier asistente y estudiar mis sensaciones como médium. La práctica adquirida en estas condiciones había sido de considerable valor para mí.

En la última sesión, antes de emprender mi viaje artístico, tomé nota, por escrito, de todos mis pensamientos, impresiones y sentimientos, y de lo sincera que resulta la explicación útil de todo lo que un médium puede experimentar en las sesiones de materialización, por poco que conserve su conciencia, copiaré exactamente las notas de mi diario:

"Llegamos temprano a Cristiânia y fuimos a tomar un té, antes de reunirnos en sesión. Me sentí muy desanimada y mi excitación nerviosa creció a medida que se acercaba el momento.

– ¡Parece que no estás muy satisfecha! – Señaló Janey.

– Por supuesto que no – respondí, arrepintiéndome inmediatamente, pensando en el trabajo que todos habían realizado para garantizar mi bienestar y el éxito de la sesión.
Entonces intenté dejar un poco mi actitud desagradable, tomando té y escuchando la narración de las medidas adoptadas para esa noche.
Al entrar a la sala de sesiones, me encontré con muchos viejos conocidos y vi que había tres niños allí, uno de los cuales era el hijo de la señora Peterson, una médium.

Me emocioné al ver a estos niños y ellos, trayendo sus taburetes, se sentaron a mi lado, como si fueran a ver algo muy natural. Luego empezaron a charlar y, de vez en cuando, me hablaban.

Sin embargo, el gas estaba bajo para que hubiera suficiente luz para permitirnos ver todos los objetos que había en la habitación; yo misma pude ver la hora en la esfera de un reloj, algo lúgubre, colocado en el extremo opuesto. Me pareció que había demasiada luz, pero no había ninguna razón para recomendar una modificación a menos que fuera absolutamente necesaria.

Alguien me dio dos trozos de pastel; sin embargo, como no me gusta cargar el estómago durante las sesiones, e incluso para evitar distracciones, le pedí a la persona más cercana que los mantuviera juntos con mis guantes.

Después le regalaron una tarta al pequeño Jonte, recomendándole que la compartiera con su hermano pequeño desencarnado, Gustavo, si se acercaba. Libre de cualquier objeto incómodo, me senté tranquilamente, tomando en mis manos los de mis pequeños vecinos. Sin embargo, se me ocurrió que, actuando así, podría absorber parte de la fuerza de estos chicos, y como ellos realmente necesitaban toda la energía, solté sus manos.

Nos quedamos sentados un rato, sin que pasara nada, aunque estaba claro que algo se movía en la oficina detrás de mí. Pudimos entonces apreciar la utilidad del canto para desviar la atención de lo que pasaba en la oficina y distraernos durante esos largos momentos de espera.

La luz se atenuó y, acto seguido, un espíritu salió de detrás de la cortina con tal velocidad que asustó a todos.

Entonces apareció otro espíritu, de pequeña estatura, que se dio la vuelta y se acercó al niño Jonte, quien inmediatamente le presentó la torta, diciendo:

- Tómalo; es para ti, querido Gustavito.

Esta sombra blanca se fue con el pastel y, desenvolviéndolo, le presentó el contenido a la niña Maja; separó un trozo de allí y lo puso sobre mis rodillas, empujándolo hacia Jonte, que esperaba inquieto su parte.

– ¿Ese es tu hermano, Jonte? ¿Es Gustavo? – Preguntó una voz a corta distancia –. ¡Dime si es Gustavo!

- Sí; Es Gustavo – respondió Jonte, con la boca sucia de crema de chocolate –. Ve, Gustavito, ve a ver a mamá y regálale algo también. Ve, yo te guiaré; no tengas miedo; yo te cuido.

Pero Gustavo avanzó sin ayuda de nadie, colocó el resto de su pastel sobre las rodillas de su madre, acarició su rostro con sus manitas y volvió a ocupar su lugar entre su hermano y su hermana.

– Ve con papá, mi Gustavito, ve, querido; él te quiere mucho – suplicó la madre luciendo muy agitada.

Él; sin embargo, no le respondió; permaneció con los chicos unos minutos más y luego, evaporándose lentamente, desapareció.

En aquella ocasión otra figura apareció varias veces a mi izquierda, pero sin alejarse mucho. Era una forma alta y robusta; finalmente, caminó hasta el centro del círculo y caminó hacia el Sr. Lund, quien se levantó para recibirlo.

No sé quién era este espíritu; olvidé preguntar.

Causó cierta sorpresa entre los presentes, pues hasta entonces las formas materializadas tenían un aspecto un tanto indeciso y parecían tímidos. Ésta, en cambio, caminaba entre nosotros, como si nos estuviera haciendo un favor. De repente pasó a mi lado, como si yo no existiera, realmente creo que me rozó. Un minuto antes me consideraban en la reunión, pero ahora no me notaron. Tenía muchas ganas de mirar a los ojos de este majestuoso personaje; él; sin embargo, me dio la espalda y solo pude observar su estatura, que me pareció alta.

Me di cuenta que, al lado del señor Lund, tenía casi su altura. Salió con el mismo andar majestuoso, y sentí el más fuerte deseo de hacerle notar mi presencia y recordarle cuánto me debía, para que se mostrara con esta falta de ceremonia; sin embargo, desapareció sin que yo tuviera el valor de informarle de mi presencia. Me sentí extrañamente débil; solo podía pensar y no tenía fuerzas para actuar. Entonces apareció otra figura más pequeña, más delgada y con los brazos extendidos. Alguien se paró en el borde del círculo, caminó hacia ella y cayó en sus brazos. Escuché gritos mal articulados:

– ¡Ana, ay Ana! ¡Hija mía, amor mío!

Otra persona también se acercó y rodeó al espíritu con sus brazos; Se confundieron lágrimas, sollozos y alabanzas a Dios. Sentí que tiraban de mi cuerpo, ahora hacia la derecha, ahora hacia la izquierda, y todo se volvió oscuro en mis ojos.

Sentí la sensación de ser abrazada por alguien y, mientras tanto, me encontré sola en mi silla. Sentí que el corazón de alguien latía contra mi pecho, que todo esto estaba pasando, mientras a mi lado solo estaban dos niños. Nadie pensó en mí; todos los pensamientos, todas las miradas convergían en la figura blanca y delicada rodeada por los brazos de dos mujeres enlutadas.

Sentí claramente latir mi corazón y; sin embargo, ¿qué brazos eran estos que me rodeaban? Nunca había sido consciente de un contacto tan real y comencé a preguntarme quién era yo. ¿Fue esa figura blanca o la persona sentada en la silla? ¿Eran mías las manos que estaban alrededor del cuello de la anciana, o eran solo mías las manos que descansaban sobre las rodillas de la persona sentada en mi silla?

Los labios que recibieron los besos fueron ciertamente míos, el rostro que sentí regado por las abundantes lágrimas de las dos ancianas fue mío. ¿Cómo pasó esto? La sensación de perder la conciencia de mi identidad fue horrible. Quise levantar una de mis manos del cuerpo que estaba en la silla y tocar algo, para saber si realmente existía o si solo era víctima de un sueño; quería saber si Ana era yo, si mi personalidad y la de ella eran la misma.

Sentí los brazos temblorosos de la anciana, los besos, las lágrimas y las caricias de su hermana; escuché su bendición y, entregado a una verdadera agonía de dudas y angustias, me pregunté cuánto duraría esto, cuánto tiempo continuaría este estado.

¿Sería Ana o Ana sería yo?

De repente sentí dos pequeñas manos sujetar la mía, que permaneció inerte. Me hicieron tomar posesión de mí misma y, con un sentimiento de exaltada alegría, sentí que era yo. El niño Jonte, cansado de ver al espíritu materializado y a las dos mujeres ante él, se sintió aislado y me agarró de las manos para consolarse.

¡Qué felicidad me vino al contacto de la mano de este niño! Mis dudas desaparecieron sobre mi individualidad y el lugar en el que me encontraba... Y, cuando este sentimiento regresó, la figura blanca de Ana entró en la oficina, y las dos señoras regresaron a sus sillas, agitadas, solas, lubricantes, pero llenas de contentamiento.

Otras manifestaciones tuvieron lugar esa noche, pero yo, de una forma u otra, me sentía débil e indiferente a todo lo que sucedía a mi alrededor, sin ninguna disposición a interesarme por los incidentes que pudieran ocurrir. Algunos hechos fueron singulares y notables; pero parecía que la vida me había abandonado y solo aspiraba a la soledad y el descanso. Mi mayor deseo era alejarme de las grandes ciudades y, nada más terminar la sesión, mis pensamientos se dirigieron a las largas vacaciones, objeto de mis sueños.

Rápidamente recuperé el sentido y, unos días después, partí hacia la montaña.

El recuerdo de las extrañas sensaciones que había experimentado durante la visita de Ana me atormentaba cruelmente. En vano intenté escapar de mis propios pensamientos y concentrarme en los magníficos paisajes que me rodeaban. Me persiguieron, se impusieron, hasta que decidí estudiarlos tal como se presentaban. Las circunstancias incomprensibles, que había olvidado, volvieron a mí y exigieron explicación. El brutal ataque que una vez sufrió Yolanda y tantos otros incidentes aparecieron ante mí, formando una barrera formidable. Entonces sentí que no debía seguir adelante hasta que estas cosas quedaran aclaradas.

XXVI.-
De la oscuridad a la luz

"Sobre el oscuro abismo de la muerte, se muestra la noble vida que debe persistir; región preñada de nubes, país misterioso, espejismo donde mil sombras descubriremos de aquellos que, hace tiempo, abandonaron la tierra, se nos muestran caminando a lo lejos."

Longfellow

Muchos meses después de mis experiencias en Noruega, me sentí llena de preocupación, reflexionando sobre los fenómenos espíritas, especialmente cuando leí algunas obras que trataban el mismo tema. Revisé todas las circunstancias inexplicables, todos los argumentos presentados en apoyo de estas manifestaciones; las reflexioné y comparé todo con mis propias experiencias.

Estas manifestaciones fueron ciertas, sin duda, pero ¿de dónde vinieron? Esa era la cuestión. ¿Podrían estas formas materializadas, en las que estaba tan interesado, ser mi conciencia subliminal, actuando independientemente de mi voluntad? O podrían venir del diablo, ese viejo enemigo tan temible de la Humanidad, tomando apariencia de amigos fallecidos para engañarme y hundirme en un abismo de iniquidades y decepciones: ¿Habría estado tantos años a su servicio, arrastrando a otros conmigo, para el mal? ¿No habría sido mi vida más que una serie de errores? ¿Podrían aquellos a quienes intenté abrir los ojos, basándose en hechos tangibles, acusarme de haberlos descarriado?

Este terrible pensamiento me perseguía, pero al mismo tiempo tenía miedo de encontrar la verdad. Me faltaba el coraje para mirar a la cara estas cosas terribles, a pesar que eran realidades. Mejor incertidumbre que confirmación de este miedo.

Recordé mi fe infantil y mi creencia en la bondad y el amor de Dios, pero también recordé que había inútilmente invocado esta ayuda prometida a los creyentes. Había puesto mis esperanzas en la arena y me faltaba terreno sólido para reconstruir el edificio derrumbado. Tuve que empezar de nuevo mi triste experiencia, sin saber dónde poner el pie. La vida era para mí un enemigo y la muerte era el horrible fin de una existencia inútil, llena de pruebas y sufrimientos.

Entonces pude comprender cómo cierto médium se retractaba y confesaba que las manifestaciones espíritas eran solo engaños e ilusiones. Si mis dudas y temores se confirmaran, esa sería la única regla de conducta que debería seguir, haciendo lo mismo que los demás.

Pero algo así era peor que la muerte; quería asegurarme que mis dudas fueran ciertas antes de tomar cualquier decisión. Si realmente hubiera sido engañada y hubiera engañado a otros, no moriría sin haber intentado reparar el daño causado, utilizando todos los medios a mi alcance.

Una vez tomada esta decisión, mi vida tenía un objetivo específico e inmediatamente comencé a forjar nuevos planes de experiencias. Era necesario abstraerme de la certeza que tenía el don de la mediumnidad; procediendo como si mi personalidad fuera sospechosa y como si dudara de mí misma. El propósito de los experimentos sería demostrar el papel que jugué en la producción de estos fenómenos; no debería tener confianza en mis pensamientos y sentimientos, en mis propios sentidos. Necesitaba saber qué parte tenía en la materialización de los espíritus. No pensé que tenía parte alguna en ello, consciente o inconscientemente, a pesar de haberles prestado la fuerza que tenía, ya que noté que mantenía mi conciencia intacta. Pero el diablo tiene muchos recursos y podría hacerme creer que no había perdido la capacidad de razonar. Así me discutí a mí misma.

Decidida, pues, a resolver lo que me parecía una cuestión de vital importancia, me sentí alentada y, después de haber deseado el descanso, la paz eterna del sepulcro, comencé a temer que la muerte me sorprendió antes de completar la tarea que estaba impaciente por poner en práctica.

Una enfermedad, tal vez derivada de mi angustia y de un resfriado que me sobrevino, impidió los experimentos, y cuando el médico pareció dudar de mi curación definitiva, sentí un sentimiento de alivio, pensando que con la muerte escaparía de esta humillante prueba, y al mismo tiempo, una especie de triunfo, diciéndome a mí misma que, a mi pesar, me vi obligada a no cumplir mi promesa. Me felicité por el sacrificio que había decidido hacer previamente, más íntimamente me alegré de la idea que la muerte, sin consultarme, resolvería el problema. Era la libertad.

Eso también acabaría con mis dudas personales.

Iba a saber qué había de cierto en las comunicaciones y manifestaciones espíritas.

Si no fueran reales, la muerte me ahorraría la humillación de confesar mis errores. Pero ¿si lo fueran? ¿Qué sería si, por cualquier motivo, ya no pudiera proclamar su verdad? ¡Sea! ¡Al menos no tuve que hacer ninguna confesión! En cualquier caso, escapé de la tarea que pretendía emprender y pudo dejar que otros resolvieran el asunto por sí mismos.

Más tarde; sin embargo, pensé que había egoísmo y debilidad en esta manera de razonar. Si les había hecho daño, era mi deber intentar corregir el daño. Si muriera, perdería la oportunidad de hacerlo; y no era bueno desear la muerte para evitar realizar una obra necesaria. ¿Tendría derecho a legar este trabajo de reparación a otros? ¡No! Yo misma tenía que cumplirlo y demostrar la verdad o falsedad de esta gran causa. Ya fuera real o ilusoria, tenía que darla a conocer.

Empecé a recuperarme; necesitaba curarme. Enferma, no podía hacer nada y estaba perdiendo un tiempo precioso. Conté, pues, las horas y los días que hui, esperando el momento de cumplir con mi deber habitual.

Un domingo por la mañana, un hermoso día de verano, me senté en el sofá con un libro, pero, estando espiritualmente agitada, durante mil proyectos de experimentos que quería hacer, presté poca atención a las páginas del libro.

Sentí una profunda sensación de debilidad y desaliento, y las páginas impresas que intentaba leer se volvieron extrañamente confusas. ¿Perdería el conocimiento? Todo se volvió oscuro para mí y creí que iba a recaer. Quería llamar a alguien para que me ayudara, pero recordé que no había nadie de ese lado de la casa.

El malestar pasó casi de inmediato y me alegré de no haber molestado a nadie. Miré el libro; ¡cosa extraña! ¡Me pareció que lo veía muy lejos y oscuro, y que me había levantado del sofá, donde otra persona sostenía el libro! ¿Qué sería eso? ¡Qué maravillosamente ligera y fuerte me sentí! El malestar había sido reemplazado por una maravillosa sensación de fuerza, salud y poder, que nunca antes había sentido.

La vida despertó dentro de mí, agitándose, hirviendo en mis venas como si por ellas pasaran corrientes eléctricas. Cada parte de mi cuerpo había recibido nuevo vigor y tenía una sensación de libertad absoluta. Por primera vez supe lo que era vivir. ¡Qué cosa tan extraordinaria! ¡La habitación parecía tan pequeña, tan mezquina, tan lúgubre! ¿Y esa figura pálida sentada en el sofá? Intenté reconocer en ella a una persona de la que tenía un vago recuerdo; sin embargo, necesitaba ampliar mi irresistible deseo de libertad. No podía quedarme en ese lugar; Pero ¿a dónde iría? Fui a la ventana. Las paredes parecieron acercarse a mí y luego desaparecieron; ¿cómo? No sé cómo decirlo.

Este fenómeno no me sorprendió mucho, aunque apenas lo entendí, porque a poca distancia vi a un amigo, a quien reconocí, no como se suele reconocer a los amigos, por los rasgos y la forma del conjunto - aun ahora no podría decirlo -, si descubrí en él algún rasgo familiar; pero la verdad es que sabía que él era mi amigo desde siempre, un mejor amigo, más sabio y más fuerte que yo. Necesitaba un amigo y él apareció. Me habló, creo que sin usar nuestro medio de lenguaje, pero le entendí mejor que a través de cualquier idioma.

¿Podría ver dónde estaba? Sí, lo vi, aunque el Sol se había puesto de forma curiosa. Estábamos en un camino estrecho y desagradable y, mirando a mi alrededor, tomé a mi amigo de la mano para sentirme segura. Era un lugar extraño, pero me parecía muy familiar. Rocas oscuras se elevaban a cada lado del camino, dificultándolo y bloqueando el paso a lo largo de sus bordes. El suelo estaba sembrado de piedras toscas y cubierto de zarzas, con aquí y allá profundas grietas, donde el imprudente viajero corría el riesgo de caer. Mis ojos los escanearon mientras avanzaba a tientas por el sendero, centímetro a centímetro, colocando con cuidado un pie delante del otro. Entonces fui superado un obstáculo aparentemente invencible y, al caminar, fui consciente de experimentar un sentimiento de gozosa exaltación ante las dificultades superadas al dar un paso adelante.

Mientras tanto, un abismo apareció en mi camino y, consternada, no tenía esperanzas de evitar una caída desastrosa. Sin embargo, miré con valentía hacia delante y, a medida que avanzaba, se hizo visible un sendero estrecho; si no tuviera vértigo y caminara con paso firme y prudente, se podría sortear el abismo sin ningún peligro.

Fue un viaje largo y agotador; si estaba entonces con un amigo, sabía que sería solo por poco tiempo, pero no tenía miedo, a pesar de la oscuridad y tristeza del lugar, envuelto en una niebla fría que me helaba la sangre y debilitaba mi coraje. En ciertos momentos; sin embargo, brillaba una luz brillante y cálida que llenaba mi corazón de alegría y gratitud.

Al mirar el camino ya recorrido, sentí una sensación de triunfo. La luz, cuyos rayos se mostraban entonces, pareció ahora iluminar todo el camino y pude, con mis ojos, descubrir mis huellas, desde el momento en que comencé el viaje. En un momento intenté esquivar los obstáculos, en otro retrocedí para avanzar nuevamente y superarlos.

Vi los lugares donde había caído y de los que había luchado por salir, y finalmente me di cuenta que podría evitar estos peligros, si el camino hubiera estado iluminado como entonces.

Mirando de nuevo hacia adelante, vi la luz brillando en la distancia frente a mí, mientras la sombra se extendía bajo mis pies. Sentí un ardiente deseo de apresurarme hacia el punto iluminado y, en el mismo momento, un rayo brillante se fijó frente a mí, guiando mis pasos.

– ¿Puedes caminar sola ahora? – Preguntó mi amigo –. ¿Está tu coraje a la altura de la tarea que emprendes?

– Sí, si es necesario. No es tan difícil como me parecía; Necesito luz, sin embargo; quiero tener la sensación de estar segura. ¿Por qué debería seguir este camino? ¿No hay mejores?

– ¡Mira más lejos!

Mirando, observé desde lejos que la oscuridad iba disminuyendo poco a poco y que, finalmente, exactamente al final del camino, apareció un brillante rayo de luz, inundándolo de una gloria inconcebible. No podía soportar su brillo. Me avergoncé y escondí mi rostro, porque la luz me atravesaba de un lado a otro. Entonces me vi tal como era realmente y no como mi precaución me llevaba a suponer. ¡Ojalá los demás pudieran verme como yo me veía a mí misma!

Me apoyé en mi amigo y le pregunté:

- ¿Qué significa eso?

– Es la verdad, la verdad que intentaste buscar.

– ¿Y así es como la alcanzaré?

– Fue el camino que tomaste, no tienes otro camino a seguir.

– Si paso por esto, ¿llegaré a la verdad? Sí; esto no puede dejar de suceder; siento que tengo que encontrarlo.

– Ya la encontraste; ahora debes tomar posesión de ella y abrazarla con amor.

– Ayúdame, hazme entenderla mejor. ¿Cómo llegaré a la verdad? ¿Cómo puedo abrazarla sin vacilar?

– Ya la encontraste; la viste antes, pero no la reconociste. Ella aclaró tu camino, pero tenías miedo de admitirlo ante ti misma.

– Estaba tan débil, tan pálida… No sabía que era ella – dije humildemente.

– Lo sentiste, pero lo dejaste a un lado y erigiste barreras entre tú y ella, que la ocultaron de tu vista.

– ¡No lo sabía, no lo sabía!

– Cerraste los ojos y caminaste a ciegas, cayendo en las trampas; tenías más confianza en tu sabiduría imaginaria que en esa luz; entraste en caminos que te alejaron de ella.

– No lo sabía.

– Tenías la luz a tu alcance. La viste brillar, pero ella te ofendió al aclarar cosas que te resultaban desagradables. Preferirías que estas cosas permanecieran envueltas en la oscuridad, esforzándote por creer que no existieron. Rechazaste la luz y por eso caminaste en oscuridad y desesperación.

— No lo sabía.

— Te dijiste a ti misma: no necesito la ayuda de nadie. Haré esto y aquello y por eso tropezaste y caíste en el lodazal; cuando, en cada recodo del camino, te topaste con desilusiones, volviste atrás, frustrada en tus planes, engañada por tu propio deseo, y solo entonces exigiste la verdad.

— No lo sabía; Ayúdame a comprender la verdad, a no desviarme de ella. Ayúdame a acercarme a esa luz maravillosa, ayúdame a comprender el significado de la vida. ¡No quiero que me abandones! ¡Oh! ¡Ayúdame! ¡Ayúdame!

Me aferré a mi amigo. Dejamos de contemplar el camino; Luego vino una sensación de movimiento, de sorpresa, de luz creciente, de vida intensa que irradiaba, y entonces… ¿Cómo describir lo indescriptible? El tiempo había desaparecido; el espacio no existía. Mi propia insignificancia me abrumó. ¡Qué débil, qué pequeño átomo era yo en esta inmensidad inexpresable, a pesar de ser uno con ella, de haber nacido de ella y de pertenecer a ella! Llegué a esta conclusión, incluso con mi inteligencia limitada y sabía que, por pobre y mediocre que fuera, formaba parte de ese Todo indestructible y eterno, y que sin mí sería incompleto.

La luz de esa gran vida penetró en mí y comprendí que los pensamientos son las únicas sustancias verdaderamente positivas y porqué el lenguaje hablado era innecesario entre mi amigo y yo. Los secretos de la vida y de la muerte me fueron revelados y los penetré; se explicó el porqué del pecado y del sufrimiento, los eternos esfuerzos en busca de la perfección; cada átomo de vida tenía su lugar designado en el punto necesario, cada transformación, cada evolución la acercaba a su fin. Tan pronto como nació en mí un deseo, encontré los medios para realizarlo. Podía tener conocimiento de las cosas, solo tenía que quererlo.

Y yo había dudado… ¡dudaba del poder de Dios, de su existencia! ¡Había dudado de la realidad de la visión espiritual!

Había dado ciegamente como límites de la verdadera vida los oscuros confines de la existencia terrenal. Permanecí cerca de mi amigo, abrumada por este nuevo sentimiento de la realidad de las cosas, por esta maravillosa verdad. Vi otros seres, criaturas radiantes, y me sentí humillada, avergonzada de mi propia inferioridad; mi alma, sin embargo, voló hacia ellos, con amor y veneración. Quería su amistad y su amor.

¿Qué significaba eso...? Mi aspiración era como un rayo de luz plateada... iba a alcanzar a estos seres; fue una cadena de comunicación nacida de mi sincero deseo. Yo podría acudir a ellos y ellos podrían acudir a mí; conocían mi aspiración, me sonrieron y me sentí bendecida en mi soledad.

Hubo otros por quienes sentí una inmensa compasión, experimentando un deseo irresistible de atraerlos hacia mí. Podrían venir, acercarse a mí, si lo desearan, tal como lo había hecho yo con las brillantes criaturas del amor y de la verdad. ¿Por qué entonces no se dirigieron a mí? Sentí que podía disipar la sombra que los envolvía.

Me habían ayudado, habíamos trabajado juntos. A veces tuvimos éxito y otras veces fracasamos.

Habíamos sido vencidos por dificultades, caído en trampas, pero siempre reunidos, siempre juntos. Habíamos trabajado sin luz; cada uno de nosotros teníamos nuestra parte, habíamos sido igualmente débiles, ciegos y culpables.

¿Qué diferencia había entonces entre nosotros? ¿Por qué me arrepentía de ellos? ¿Por qué quería atraerlos hacia mí? Ella no era ni mejor ni más alta que ellos. ¡No! Nada es mejor o peor, más alto o más bajo. Todos somos iguales, todos miembros de una misma inmensa familia, todos átomos de la Gran Alma creadora. Pero yo, un átomo menos experimentado y educado que aquellos a quienes lamentaba, ya había encontrado la luz que todavía buscaban.

La luz había penetrado en mi alma y me sentí llena de una alegría inexpresable. Esta nueva llama en ciernes era mía, me pertenecía y nunca más se me escaparía. También estaba a su alcance, pero no le daban importancia. Los rodeó, estaba en ellos, pero ellos la ignoraron. Se encontraron en la misma situación que yo, cuando yo seguía el mismo camino... ¡Pues bien! Les instruiría, les ayudaría, les mostraría lo que debían hacer para alcanzar la verdad. Los ayudaría en su búsqueda de la luz, como lo había hecho mi amigo conmigo. Comprenderían, como lo hicieron conmigo, qué es esta gran luz del amor... ¿Por qué no me hicieron un simple llamamiento?

Extendí los brazos y los llamé. Sentí todo mi ser vibrar en una aspiración dolorosa, en el deseo de atraerlos hacia mí. ¡Podrían fácilmente venir a mí para compartir esta nueva y gloriosa vida si quisieran!

¿Cómo podría llamar su atención? ¿Cómo puedo mostrarles el camino? ¡Oh! Gracias a la irradiación de estos seres gloriosos cuya sonrisa me había felicitado, gracias a esa pequeña luz e influencia que esparcieron en mi camino, gracias a su ayuda, buscaría a estos pobres amigos. Bebería de esta gloriosa y viva verdad; llenaría todo mi ser, y así podría reflejar su gloria y hacerla brillar en los seres que tanto amaba y compadecía. Y toda mi conciencia estaba concentrada en esta oración:

"Ayúdame, para que yo pueda ayudar a los demás."

XXVI.-
Desentrañar el misterio

"Así como en plena lucidez el vidente
Ve formas surgiendo y evaporándose,
De lo desconocido en permanente rotación;
Ésta es la misteriosa transformación,
Del nacimiento a la muerte, de la muerte a la vida,
Del ir al cielo, del regreso a la tierra,
Hasta una visión nueva y superior,
De lo que ni siquiera se sospechaba, ven y revélanos la realidad.
De ser el Universo, y lo que contiene,
Una rueda que gira majestuosamente,
En tu viaje hacia la Eternidad."

Longfellow

A medida que este deseo se hacía más fuerte, llenaba y animaba cada fibra de mi ser, palpitando en cada una de ellas y acumulando fuerza y energía hasta que la acción se volvió irresistible. Entonces me sentí lo suficientemente fuerte para comprender y comenzar el trabajo, que de pronto se convirtió para mí en un gran principio de felicidad.

Para instruir a los demás, primero era necesario que yo me educara a mí misma. Pero ¿cómo empezar?

Me sorprendió encontrar tanto sufrimiento al recordar la razón especial que me había parecido difícil de entender. Fue con un sentimiento de ansiedad, rayano en el sufrimiento, que busqué en mí misma una explicación a lo que tanto me había avergonzado y entristecido. Había pasado mucho tiempo y me pareció casi como si perteneciera a un sueño medio olvidado. Era una sensación de doloroso malestar... Pero ¿de dónde vino? Me hizo pensar en el sentimiento que experimentamos cuando, después de un sueño desagradable, nos encontramos inmersos en una vaga opresión, sin poder recordar el origen de esta sensación. Sabía que había soñado con una vida de alguna manera diferente a la que llevaba, y que también necesitaba reconstruir ese sueño para encontrar el misterio que quería resolver. Los diversos incidentes se revelaron, uno tras otro, a través de imágenes que reconocí como pertenecientes al sueño; fotografías pálidas, casi borradas, confusas, pero en las que yo participaba, fotografías que despertaron en mí un sentimiento de vergüenza y humillación, por lo que me apresuré a dejarlas caer en la niebla del olvido.

Actualmente, pude notar las circunstancias que se presentaron una por una. Formaban una cadena rota y esta falta de conexión me perturbaba y avergonzaba. No sabía cómo llenar los vacíos. ¿Qué había olvidado? ¿No habría sido este sueño algo más que una cadena inconexa de pensamientos y productos de la imaginación?

Mi personalidad y mi nombre no parecían importar, ni los recordaba. Pero, a través de esta niebla indefinida de mi sueño, mi propia identidad, mi yo, lo que en ese momento intentaba desenvolver esta madeja y vencer estas sombras, era lo mismo, era el único hecho real, palpable e indiscutible. Este hecho no requirió ningún esfuerzo de memoria y pude seguirlo paso a paso, a través de todas las complicaciones de mis extrañas experiencias. Recogí uno a uno los hilos de esta vida onírica y la encontré completa.

Vi cómo este yo había sido influenciado por otros; cómo otras individualidades entablaron relaciones con él, cuántas simpatías lo habían dirigido o hecho desviarse de su verdadero objetivo.

Desenredando este hilo, seguí los hilos que unían la causa al efecto, el motivo al acto, y vi que estos motivos eran puros y desinteresados. Vi la inmensa sed de conocimiento que me dominaba y mi deseo que me ayudaran a saciarla. Pero ¡ay! Este conocimiento también faltaba en las otras individualidades, y el resultado fue un desastre.

El interés que despertaba en mí esta misteriosa vida onírica me lanzaba ora hacia arriba, ora hacia abajo, sin darme resultado positivo, ya que no había altibajos en esta región brumosa en la que me sentía asfixiada, como si la atmósfera se hubiera vuelto espesa y pesada. Un sentimiento de ansiedad me oprimía y sentí un deseo instintivo de escapar de este sentimiento de pesadez, que iba aumentando poco a poco. Sin embargo, las ganas de aprender eran más fuertes y, reuniendo toda la energía de la que era capaz, luché contra el instinto que quería arrastrarme al aire libre, a la libertad.

Había una especie de visión familiar en estas nieblas, algo en estas formas y sombras que me recordaba más vívidamente la vida onírica, y poco a poco me di cuenta que la vida onírica había tenido lugar en esta región. Vi que todo este mundo era rico en vida verdadera; que estas individualidades lucharon, cada una con sus propias ideas, sus ambiciones, sus esperanzas, sus miedos, sus alegrías y desesperaciones, siendo, a pesar de ser similares, extrañamente diferentes; cada uno de ellos parece existir, en apariencia por sí mismo, y sin embargo depende de los demás; todos influyéndose, guiándose, atrayéndose y repeliéndose mutuamente.

Por mis observaciones me pareció que algo vivo emergía de este mundo de niebla, algo que debía elevarse, purificarse y perfeccionarse en el mundo de la realidad; en este algo reconocí el espíritu de la humanidad y deseé imitar aquellas criaturas perfectas que había visto tan tarde.

Cuando reconocí esto, el miedo que sentía por este mundo brumoso se transformó en una ardiente simpatía, en un interés real. Sabía que este era el mundo al que se adaptaban las circunstancias de mi vida onírica, pero me preguntaba por qué las cosas allí eran tan diferentes a lo que se veía en nuestro mundo. Estas rocas, estos mares, que me parecían tan reales, tan sólidos, tan poco imaginarios, no eran más que vapores y nubes, a través de los cuales pasé sin encontrar resistencia. No ofrecieron ningún obstáculo a mi paso... Los atravesé tan fácilmente como una flecha, y me encontré en estrecho contacto con los hombres que había visto desde lejos.

Curiosamente no se dieron cuenta de mi aproximación y pasaron junto a mí sin verme; no notaron mis cordiales saludos, parecían profundamente absortos en sus propios pensamientos, todos los cuales giraban en torno a un punto central: su propio yo. Nunca perdieron de vista a este yo, luchando unos contra otros para imponerse unos a otros.

¡Qué error! ¡Qué ciegos estaban en su proceder! Fueron inducidos, por una fuerza misteriosa, a desarrollarse, a progresar, a ser mejores y más perfectos, a elevarse por encima del nivel en el que se encontraban. Este instinto influyó en ellos, los iluminó, pero ellos, cerrando los ojos a esta luz, anduvieron a tientas, trabajando en la oscuridad, acumulando riquezas que, según creían, los elevarían por encima de sus compañeros; sin embargo, deberán enterrarlos bajo su peso. Sintieron este instinto que los empujaba hacia adelante, que los invitaba a desarrollar mejores cualidades, dones superiores y; sin embargo, no entendían la naturaleza de este impulso; se alejaron cada vez más de la espiritualidad. Trabajaban con energía, como si esta vida constituyera la única existencia, el alfa y la omega, y sin embargo sabían que no escaparían de la muerte. ¿Por qué no vieron la luz que brilló para mí? ¿Por qué no comprendieron el significado de este instinto, de este gran impulso? Si sospecharan del error que estaban cometiendo, seguramente se apresurarían a reparar los errores que habían cometido... ¡Pero no!

Creían en la muerte... y eso no les impedía actuar como si no existiera.

Sentí una gran pena por estos pobres descarriados y me oprimía el deseo de mostrarles mi tesoro, la clave de todos los secretos de esta maravillosa existencia. A través de esta llave había sabido que la vida es indestructible e inmortal, que no existe la muerte ni la aniquilación; que la vida siempre circula, renovándose incesantemente en todas las formas posibles: en las rocas, en la arena, en el mar y en las plantas, en cada árbol, en cada flor, en todas las especies animales y, finalmente, alcanzando su culminación, en inteligencia y percepción humana. A través de esta llave vi en todos los acontecimientos, movimientos, progresos y revoluciones los efectos de las leyes que rigen el Universo. Comprendí que los actos, aparentemente realizados por los hombres, estaban realmente dirigidos por estas leyes naturales, que no era posible contravenir, y que los individuos con mayor inteligencia, más capaces de percibir el poder de esta acción, se convertían si necesariamente, por un tiempo en los guías de sus contemporáneos.

Pudo comprender también que el espíritu, para desarrollar su inteligencia y perfección, debía pasar por todos los organismos para reunir en sí mismo las cualidades y propiedades que fueran necesarias; entendí que la inteligencia humana era, de alguna manera, producto y esencia de todo conocimiento reunido en una infinidad de existencias progresivas bajo diferentes formas y condiciones.

Comprendí que el espíritu, tomando por primera vez forma humana, no podía alcanzar inmediatamente su más perfecta expresión terrenal, ya que había muchos grados en el hombre. En la naturaleza, el espíritu amplía la experiencia y encuentra un nuevo campo de cultura; cuando este orden de experiencias se agota da un nuevo paso adelante, siempre subiendo; el espíritu se desarrolla y progresa incesantemente en todos los sentidos; la desintegración del cuerpo que asume en cada existencia simplemente prueba que ha cumplido su misión y cumplido los propósitos para los cuales encarnó. Los cuerpos se disuelven en sus elementos originales, de los que surgirán otras formas, como medio para que el espíritu se manifieste y alcance el progreso necesario.

Vi claramente todas estas cosas, que me parecían tan simples, tan racionales, tan completas, que me sorprendió no haberlas comprendido antes. ¿Se habían oscurecido mis sentidos hasta el punto de no permitirme concebir ideas tan simples?

Finalmente, gracias a la ayuda del precioso tesoro descubierto, las leyes se me hicieron visibles. Cuánto deseaba llevar esta luz a todos los lugares oscuros que conocía, en esa vida misteriosa e ilusoria donde tantos desafortunados luchaban a ciegas sin saber la causa. Recordé mi propia insuficiencia, mis inquietudes y mis deseos de encontrar la luz. Todo esto me parecía tan pequeño, tan trivial, en vista de la gran necesidad ahora conocida, que sentí, con pesar, que mis pensamientos debían ser sometidos a cualquier reflexión de interés personal. No tenía miedo que la verdad fuera revelada, ¡tan querida y preciosa se había vuelto para mí la luz! Cualquiera que sea la consecuencia, nunca la dejaría pasar. Ella ya me había dado a conocer mis grandes defectos y debilidades, mostrándome las posibilidades que se podían aprovechar.

Ella me había hecho conocer la vida, cómo es y cómo debe ser, y sabía que, con la ayuda de esta sagrada y gran luz, todas las dudas se resolverían y todas las cosas secretas se aclararían.

Mi aspiración de ayudar a estos ciegos se hizo entonces más intensa e incluso irresistible; pero ni me vieron ni me hicieron caso; luché en vano por hacerme entender. Les tendí los brazos, pero pasaron sin verme; los llamé y ellos, quedándose absortos en otras cosas, ni siquiera me oyeron. Entonces pude comprender que, para hacerme visible a estos espíritus, necesitaba cubrir el asunto. Era un pensamiento repugnante... pero ¿qué importaba? Me presentaría para ayudarlos. Sin embargo, ¿cómo se haría esto? Justamente esta pregunta surgió en mí, en un instante reconocí que había encontrado lo que buscaba, lo que hasta entonces solo había tenido una aspiración vaga e indefinida.

De un mundo de luz radiante, donde predominaban el amor y la simpatía, esta aspiración me había llevado al mundo de sombras e ilusiones, donde la luz apenas podía penetrar. Era allí donde había que adquirir el conocimiento de las cosas; necesitaba aprender a cubrirme de fluidos, a manipular y dar forma a esta materia inmaterial y vaga, a capturar y preservar lo que no tenía sustancia. Esto me parecía imposible y; sin embargo, sabía que ya se había hecho.

Durante mucho tiempo busqué los medios para ejecutar un plan, cuando un amigo acudió en mi ayuda; y juntos reflexionamos sobre la ejecución de este plan. Le pregunté cómo debía proceder para establecer la adhesión de esta sustancia inmaterial. Fue necesario, me explicó, para recoger algunas de esas nubes fluidicas que nos rodeaban, soplando en ellas mi propia vida, inoculándolas con mi voluntad, una parte de mi propio deseo, haciendo todo el esfuerzo posible, hasta que la masa se animara y tomara una forma condensada, similar a los seres vaporosos que me rodeaban, sin darse cuenta de mi identidad. Seguí su consejo y realicé una creación personal, mi propiedad especial, animada por mi aliento, mantenida viva por mi voluntad, obediente a mis deseos y a mi orden, dependiente solo de mí en cada momento de su existencia. Sabía que si la intensidad de mi voluntad flaqueaba, si mi deseo o mi interés fallaban, esta sombra mía volvería al todo de donde había venido, para no existir nunca más.

Para esas criaturas, mi creación fue tan real y tangible como ellas, ya que no faltaba vida ni inteligencia. Solo yo sabía que ella era solo una sombra defectuosa en muchas cosas que, por falta de conocimiento, no había sabido comunicarle. Sin embargo, ¿qué posibilidades resultarían de la realización de estos experimentos? ¿Qué otras propiedades no habría dotado yo de esta creación transitoria, si hubiera sabido desarrollar mis propias facultades? De hecho, el misterio había sido resuelto, o al menos parte de él, y se habían empleado con seguridad otros medios para descifrarlo...

Entonces, mi amigo y yo dimos existencia a otra sombra, una sombra extraña que no era ni él ni yo, sino una cosa informe que, con dificultad, intentábamos organizar. Al no combinar nuestros deseos e ideas, el resultado fue un fracaso. La sombra que habíamos creado tenía muchos defectos y buscamos remediarla, reparar los defectos, formar otra sombra similar a la primera, imitando la realidad viva. A pesar de todos nuestros esfuerzos, fracasamos y no pudimos crear una creación como la primera. Solo formamos una miserable imitación, que no pudo ser creada debido a la divergencia de voluntades de sus creadores.

Algo así todavía era un misterio y sentí una conmovedora sensación de vergüenza y humillación. Yo había censurado a mi amigo para este acto, por el cual yo mismo había competido. Usé mi voluntad en esta creación, y mis ideas se habían cruzado, como las líneas de dos dibujos enredadas y yuxtapuestas, para luego borrarse y volverse confusas.

La energía mal dirigida, cuando no está regida por la razón y el conocimiento, debe obstaculizar inevitablemente la ejecución de cualquier proyecto... Eso es lo que nos pasó a nosotros.

El misterio ya no era un misterio. Quería expresarle mi pésame a este amigo, decirle cuánto me había dolido todo esto, cuánto tenía la intención de enmendarme y brindarle mi apoyo de ahora en adelante, en lugar de criticarlo. Vi claramente que había seguido un camino falso, por falta de voluntad para llegar a un fin, y que mis fuerzas eran insuficientes.

Mientras meditaba en todas estas cosas, volvieron a mi mente las preocupaciones y ansiedades que habían perturbado mi vida onírica, y recordé muchas alegrías y tristezas que ahora habían sido olvidadas, pero que antes habían tenido realidad; recordé mis suposiciones sobre otra vida, otra existencia fuera del sueño, y lamenté a este soñador que había confundido el sueño con la gloriosa realidad.

Una vez que se resolvió el problema, mi tarea terminó. Ya sabía cómo podía llegar a estos pobres luchadores ciegos y quería ayudarlos con todas mis fuerzas y todo mi poder. Les mostraría la única luz que podría conducirlos al verdadero camino del conocimiento y no los cansaría con argumentos... Tuve entonces la libertad de salir de esa región de sombras, de respirar el aire cálido y puro que me quedaba. atrás, para saborear la belleza de este otro mundo y, una vez más, disfrutar del cariño, del amor inexpresable que emanaba de sus habitantes.

Volvería al medio de esos seres espirituales; pero era necesario que primero reuniera nuevas fuerzas y coraje por el contacto de estas criaturas radiantes, cuyas sonrisas me habían reconfortado y elevado a un éxtasis de amor y adoración.

Mientras tanto, una extraña sensación me oprimía; y fue en vano que intenté escapar de su influencia. Soñé con la independencia y la libertad, y fui, como un cautivo, arrastrado a la prisión de la que había escapado. Sabía que, a pesar de toda la resistencia, tenía que obedecer a la fuerza que me empujaba. Por eso, abrazando fuertemente el tesoro que había encontrado, obedecí; estaba triste, es verdad, pero llena de orgullo, gracias a este tesoro... Y regresé a mi hogar terrenal.

Así como en el momento de mi partida, las paredes parecieron acercarse y luego retroceder, mientras las atravesaba como niebla; y, con el mismo sentimiento de ilusión, contemplaba a la mujer silenciosa, reclinada, con un libro en la mano, y que no estaba ni muerta ni dormida. Ahora sabía que el cuerpo de esta mujer era la prisión de la que había escapado y a la que debía regresar. Tuve que resignarme, pues tenía mucho que hacer para mostrar a esos pobres espíritus luchadores que, más allá de las sombras, había una realidad viva, absoluta y perfecta; que el tesoro que adquirí también podría ser suyo, y guiarlos por el camino de la libertad. Vestido solo con el cuerpo fluídico, ¿habría podido acercarme a ellos y explicarles todas estas cosas? Me consideré feliz, por tanto, de regresar y estaba decidida a esperar pacientemente el día de la liberación, consciente y satisfecho con el deber que me correspondía cumplir.

Experimenté el viejo sentimiento de dolor, debilidad y opresión, y me encontré tumbada en el sofá con un libro en la mano. Abrí mis ojos; nada cambió a mi alrededor: vi las flores, los cuadros y las cortinas, todo en su lugar. Mientras tanto, se estaba produciendo un gran cambio, porque estaba dominada por un sentimiento de alegría absoluta, que nunca antes había experimentado. ¿Cuánto tiempo estuve ausente? No era consciente de ello, porque en el mundo de realidades que acababa de visitar no había tiempo, ni espacio, ni forma alguna de medirlos, como se hace en la Tierra.

¡Me sorprende cómo la ilusión y la realidad pueden intercambiar posiciones! Si no tuviera la verdad, habría dicho que las escenas terrenas eran las reales y que había hecho una visita al país de los sueños. Pero el tesoro que había encontrado siempre estaría en mi poder. Este átomo de verdad viva me había traído una tranquilidad que sobrepasaba todo entendimiento. Gracias a ese rayo de luz, ahora veo y sé que las comunicaciones espíritas son verdaderas, tan verdaderas como la existencia de Dios.

Dirán que soñé, pero eso no importa, porque descubrí que no hubo ningún sueño, sino una digresión a la vida real e innegable. Y, durante el resto de mi peregrinación en la Tierra, este recuerdo me ayudará a soportar con paciencia todo lo que pueda suceder, dándome valor para luchar hasta el último momento.

XXVII.-
Fotografías espíritas

"Así como no conocéis cómo obra el espíritu, así también ignoráis el conocimiento del Eterno que creó todas las cosas."

Eclesiastés.

Recién me había familiarizado con el tema espírita, cuando me hablaron de la posibilidad de obtener fotografías de lo invisible, ocultista, trascendental o espírita, según el nombre que se les quiera dar. Todavía no había observado cuánto sufrí después de las sesiones y a qué estado de agotamiento me condenaron.

Como mi salud nunca había sido muy vigorosa, no pensé que este cansancio y desaliento pudiera deberse a algunos de los asistentes a nuestras sesiones. Mis amigos continuamente me proponían nuevas experiencias, que por regla general me interesaban tanto como ellos y, entre otras, la idea de obtener fotografías espirituales. Deseaba aprovechar cada oportunidad que se presentara; pero, como no era fotógrafa, no se organizó el trabajo ni hubo un esfuerzo continuo por estas experiencias; Todavía no entendíamos lo difícil que es tener varias mediumnidades igualmente desarrolladas, sin agotar el sistema nervioso.

En cualquier caso, aunque siempre intenté obtener estas fotografías deseadas, no fue hasta 1876, en la ciudad de Londres, que pensé haberlas obtenido, pero no atribuí este resultado a mi mediumnidad.

La señora Burns, una excelente médium sensitiva, vino conmigo a la casa del fotógrafo espiritista, el señor Hudson. Después que me fotografiaran, me reveló la placa y se mostró orgulloso del éxito alcanzado gracias a mi visita; porque en el cliché había una bella figura al lado de mi retrato. Cruzó apresuradamente el estudio, deseoso de traerme la buena noticia y con el objetivo de presentarme sentado en la placa, cuando tropecé con la alfombra y la placa se rompió en mil pedazos.

Poco después visité París y Bruselas, y en esta última ciudad fui fotografiada una mañana, nada menos que veinte veces, sin obtener el más mínimo resultado.

No recuerdo ningún esfuerzo persistente realizado en esta dirección durante los dos años siguientes; sin embargo, de vez en cuando hacíamos un ensayo cuando se presentaba la ocasión. Entre 1878 y 1880 muchos fotógrafos lo intentaron, pero sin resultado.

En 1880 fui a Suecia, llevándome un aparato fotográfico y 288 placas sensibles que quería utilizar con la esperanza de obtener algo. Convencí con un fotógrafo y comencé mi trabajo de manera más sistemática que en ocasiones anteriores; mi salud; sin embargo, aun no se había recuperado de las consecuencias del terrible shock sufrido en la sesión de Newcastle en 1880 - que, de hecho, solo ocurriría siete años después -, por lo que mi mediumnidad quedó casi aniquilada. Después de haber utilizado las 24 docenas de placas, el aparato fue dejado a un lado y resultó dañado.

De 1888 a 1890 se hicieron muchos intentos, pero solo obtuvimos una fotografía espírita, por simple casualidad, en el último de esos años, en Gotemburgo, y que ya ha sido descrita. El señor Aksakof estaba discutiendo con otro de mis amigos sobre fotografías espiritistas, cuando el señor Boutlerof, que quería comprobar si la cámara estaba bien dirigida y quería experimentar con la luz de magnesio, interrumpió la conversación, diciendo:

– El dispositivo está dirigido hacia la silla colocada en la esquina de la habitación, y quiero que Madame d'Espérance se posicione allí, ya que tengo la intención de probar el magnesio.

Esto sucedió cuando estaba oscureciendo y antes que se encendieran las lámparas. Todos nos levantamos para acompañar al señor Boutlerof a la habitación donde se encontraba el dispositivo. No había ninguna designación especial respecto a los lugares que otros debían ocupar y solo yo debía sentarme en la esquina de la habitación. La luz del magnesio se hizo clara y todos los espectadores vieron la figura de un hombre parado detrás de mí. Esta forma no era visible anteriormente, ni lo fue cuando cesó el rápido destello producido; por eso todos tenían curiosidad por ver si había impresionado al candidato. Afortunadamente, esta fotografía quedó a salvo.

De vez en cuando realizábamos ensayos en Gotemburgo, Cristiânia, Berlín y otros lugares, pero siempre eran infructuosos.

En 1896 fui a Inglaterra y allí tomé algunas fotografías espiritistas; pero, en mi opinión, eran dudosas. Por diferentes motivos, que no quiero abordar ahora, no pude aceptarlas como verdaderas, aunque era posible.

Sin embargo, decidí hacer otro intento al regresar a Alemania. Puse en ejecución mi plan y obtuve algunas formas confusas y brumosas, lo que sumado a que estaba muy nerviosa me obligó a dejar de lado la fotografía por dos o tres semanas. Luego lo intenté de nuevo y obtuve imágenes claras de lo invisible. Dos o tres eran excelentes retratos de seres humanos que parecían perfectamente vivos. Mis nervios; sin embargo, me hicieron sufrir tanto que ya ni siquiera me atrevía a subir una escalera, solo tenía el coraje de caminar por la habitación. Por lo tanto, tuvimos que detener toda experiencia.

En enero de 1897 fui a Gotemburgo para quedarme dos meses con la intención de completar este libro y entregarlo al impresor. Mis amigos compraron un nuevo dispositivo y todo lo necesario para una nueva serie de experimentos fotográficos. El 28 de ese mes todo estaba listo. Mis amigos tenían mucho que aprender sobre el arte de la fotografía, ya que antes no le habían prestado atención. Durante los tres primeros días solo hicimos experimentos preliminares, destinados a ir acostumbrándonos poco a poco al aparato, enfocando, revelando e imprimiendo las planchas.

El 1 de febrero comenzamos sistemáticamente el trabajo, pero no tuvimos éxito. Sin embargo, estábamos resueltos a continuar nuestra tarea, fuera cual fuese el resultado, a menos que mi salud presentara obstáculos insuperables.

El día 2 de ese mes, al desarrollarse una de las placas expuestas, pudimos distinguir una ligera forma nebulosa. No sabíamos si debíamos darle importancia, a menos que fuera el precursor de un resultado más claro y positivo. Al día siguiente encontramos una cabeza en otra placa. Los rasgos y el aspecto general nos recordaban a nuestro querido y viejo amigo Geórgio, fallecido muchos años antes.

Los días 4 y 5, obtuvimos el más mínimo indicio de una forma. El día 6, todas las placas expuestas no mostraban nada; pero al día siguiente se hizo perceptible una especie de niebla, parecida a una cabeza. Los días 8 y 9, aparecieron sobre las placas dos formas humanas, nebulosas pero bastante distintas, sin rasgos visibles, parecidas a muñecos de nieve. Sin embargo, fueron lo suficientemente claros como para animarnos a continuar nuestros estudios.

En los dos días siguientes no conseguimos nada. Entonces empezamos a imaginar formas de mejorar nuestro método de trabajo; decidimos dedicar menos tiempo a exponer las placas a la luz porque, como hace unos días, el cielo estaba nublado y la nieve caía en gruesos copos, habíamos expuesto la placa durante 100 segundos en lugar de 40. Los experimentos se llevaron a cabo ahora por la mañana y oraron por la tarde. También decidimos, a partir de entonces, empezar a trabajar a las tres de la tarde, hiciera el tiempo que hiciera. Otra decisión importante que se adoptó fue utilizar luz de magnesio en días oscuros y reducir el tiempo de exposición de las placas.

Habíamos instalado el equipo fotográfico en una sala con ángulos recortados. En estos puntos no pudimos hacer cambios. Anteriormente habíamos utilizado una pantalla de color marrón oscuro como fondo; no pudimos reemplazarlo, pero lo cubrimos con una tela negra, para hacer más visible cualquier forma blanca que apareciera. Generalmente éramos cinco los que participábamos en estas experiencias: el dueño de la casa, su esposa, sus dos hijas y yo. Cuando el reloj dio las tres, todos entramos al salón. Uno de nosotros colocaría la pantalla en la posición requerida; otro estaba ocupado con el dispositivo, dirigiendo la lente a otra persona que, a modo de prueba, se sentaba frente a la pantalla. Finalmente, una cuarta persona ajustó las contraventanas para conseguir el mejor efecto de iluminación. Esperamos a que el dispositivo estuviera listo y se completaran los preparativos de magnesio; y después de contar en silencio durante 30 segundos, expusimos la placa durante 5 segundos. Encendimos el magnesio. A veces hacíamos tres o cuatro pruebas, otras seis o siete. Inmediatamente fueron llevados al gabinete oscuro y revelados.

Trabajamos así por alrededor de 15 días, siempre discutiendo seriamente sobre los nuevos procesos que deberíamos emplear para obtener mejores resultados.

El 12 de febrero fuimos recompensados con la aparición de dos figuras en las placas; las características de uno de ellos eran totalmente diferentes. Esto fue un poderoso estímulo para nosotros; pero al día siguiente tuvimos nuevos fracasos.

El día 14 obtuvimos dos rostros, uno de los cuales guardaba cierto parecido con la madre de uno de los asistentes. El segundo nos recordaba a Huss o algún otro personaje de la Edad Media, a juzgar por su forma de vestir. El martes siguiente nos sorprendió la aparición en los periódicos de artículos que relataban la vida y obra de Philipp Melanchthon, nacido el 16 de febrero de 1497, y entonces reconocimos la similitud entre el retrato de Melanchthon y la fotografía que habíamos tomado.

Los días 15 y 16 hubo fallas. Esto no nos sorprendió porque me había resfriado mucho después de salir de un baño caliente. Aun así, continuamos nuestros experimentos.

El día 17 exhibimos muchas láminas, como se describe anteriormente, y obtuvimos un hermoso retrato de los invisibles. Solo descubrimos este retrato cuando revelamos las planchas. Los días 18 y 19, aparecieron tenues y borrosos contornos de cabezas. El día 20 nos llegó una fotografía de una joven, que supusimos era Nínia, nuestra amiguita española, fallecida en Santiago, Sudamérica. Los días 21, 22, 23, 24 y 27 obtuvimos, cada día, al menos una o dos fotografías de personas invisibles; y, en tres de estas ocasiones, personas extrañas se habían colocado frente a la pantalla. Los días 25, 26 y 28 no logramos nada y ahí terminaron nuestras llamadas "experiencias de febrero."

El 1 de marzo fui a Estocolmo a visitar a unos amigos y me quedé allí una semana. Cuando regresé el 8 de marzo, estaba exhausta. El día 9; sin embargo, volvimos a trabajar y continuamos experimentando diariamente hasta el día 15. En esos siete días tomamos treinta fotografías, siete de las cuales eran buenos clichés. El día 16 la señora F..., su hija y yo salimos para Copenhague. Durante estas cinco semanas utilizamos 132 placas, de las cuales 102 no revelaron nada.

Me pregunté si sería apropiado presentar aquí todos los detalles de las experiencias fotográficas. Este trabajo realmente consistió solo en simples ensayos, y no agotamos todos los medios que habíamos pensado. Sin embargo, como la historia de mi mediumnidad no es más que la historia de las experiencias, me gustaría terminar este volumen sin mencionar de paso esta nueva etapa. Es cierto que al hacerlo me parece que estoy dando detalles de una obra inacabada. La serie completa de fotografías demuestra que simplemente estábamos en la fase experimental; quien; sin embargo, estudia la psique puede interesarse por nuestro método de trabajo y los éxitos finales, después de tantos años de intentos infructuosos. Es muy probable que hubiera podido obtener estas fotografías diez o veinte años antes, si hubiera trabajado solo o abandonado otros medios. Son obra de agentes espirituales; no tengo duda al respecto; Sin embargo, ya sean fotografías de espíritus o incluso imágenes producidas por espíritus en las planchas, no puedo confirmarlo antes de continuar con mis investigaciones.

Le doy gran importancia a este trabajo y es de admirar que mi salud, en lugar de sufrir durante estas sesiones fotográficas diarias, por el contrario, se haya fortalecido. Veo en esto la posibilidad de realizar una gran obra, si se presenta la ocasión.

La señora F... mostró un inmenso interés por todos estos detalles y trabajó desde la mañana hasta la noche arreglando y retocando las planchas. Cada uno de nosotros tenía su parte de trabajo, y si hubo alguna pérdida real de vitalidad para mí, fue imperceptible, ya que las condiciones favorables en las que me encontraba me permitieron recuperar rápidamente mis fuerzas.

XXVIII.-
Los investigadores que conocí

"Los hombres son enemigos de todo lo que ignoran."

Proverbio árabe.

Al mirar retrospectivamente el trabajo de investigación realizado en la última parte de este siglo XIX, veo los errores en los que caímos inconscientemente, en gran parte errores de razonamiento, pero principalmente errores causados por una ignorancia reprobable de las leyes más simples de la Naturaleza.

Hemos dado poca importancia al razonamiento según el cual, para obtener un determinado resultado, es necesario dotar a los materiales de las cualidades precisas. Tal vez incluso nos convencimos que las personas que estaban especialmente interesadas en el tema estaban en condiciones de proporcionarnos estos materiales. Solo después de duras lecciones, aprendidas a través del sufrimiento, se me impuso el conocimiento de la verdad.

Sería tan absurdo proporcionar solo agua y un poco de arena a un fabricante de azulejos para que pudiera hacer un buen trabajo, como lo sería formar un círculo, compuesto en su mayoría por investigadores, y pedir a los espíritus que produjeran manifestaciones que no provocaran la más mínima duda. Como el alicatador, los espíritus hacen lo que pueden con el material que tienen; y, si los resultados son de dudosa calidad, no es culpa de ellos, sino de quienes les proporcionan el material.

Muchas personas cuya atención se dirige a estudios de esta naturaleza tienen, desde el principio, la reconfortante creencia que están especialmente dotadas para comprender y resolver estos problemas. Dirigen sus investigaciones de diferentes maneras y, por regla general, su forma de proceder muestra la naturaleza del material que ponen a disposición de los trabajadores invisibles.

Estuve en contacto con muchos tipos de investigadores, que trabajaron con el objetivo de establecer alguna teoría favorita o una de su propia creación. Se apoderaron ardientemente de los fenómenos los que justificaban sus ideas preconcebidas, despreciando a todos aquellos que no tenían el alcance necesario o que las contradecían. Contentándose generalmente con teorías, su imaginación proporcionaba el resto. De ahí el origen de estas teorías de corazas psíquicas, formas pensamiento, elementales y tantos otros absurdos. Pero estos productos prematuros de un estudio muy superficial son; sin embargo, preferibles a las conclusiones decretadas por una u otra clase de investigadores sabios e ilustres. Comienzan su investigación afirmando que, con excepción de ellos mismos, todos los experimentadores son deshonestos; que todas las opiniones, excepto la de ellos, no tienen fundamento legítimo; que toda observación es dudosa, excepto la de ellos; que todo fenómeno citado es falso, cuando no han dado testimonio de su autenticidad; y que cualquier manifestación obtenida en condiciones distintas a las que ellos determinaron carece de verosimilitud. Su veredicto se resume así: "Descubrimos el fraude; en consecuencia, no hay verdad en esto", sino que podrían decir más bien: "Nuestro espíritu tiene capacidad de comprender el fraude, pero no de discernir la verdad; por lo tanto, no hay verdad allí."

Razonando con esta lógica, también llegarían a la conclusión: "La moneda falsa es evidencia suficiente para demostrar la inexistencia de monedas verdaderas", y otros podrían entonces responder que, si no existieran monedas verdaderas, no existirían tales monedas.. FALSO. Estos sabios; sin embargo, no pensaron en esto.

Existe aun otra categoría de experimentadores; aquí hago justicia a mis compatriotas, ya que no los encontré en ese número que defiende el principio de descubrir al ladrón a través de otro ladrón.

Fingiendo estar sumamente interesados por el Espiritismo, buscan conocer a los médiums, simulan hacia ellos la más ardiente simpatía, los más vivos sentimientos de amistad y les piden permiso para asistir a una sesión.

Una vez conseguido esto, se llevan consigo un aparato fotográfico o un agente de la policía secreta para desenmascarar el fraude que esperan encontrar.

Un investigador de esta clase, enviado especialmente por el clero, no será reacio a espiar al médium en su vida privada, vigilando a través de los agujeros que hace en paredes y puertas.

O, invitando cordialmente al médium a pasar un rato en su casa, abrirás tus maletas con llaves falsas, o con una ganzúa, para examinar el contenido. Convencerá al médium, con bellas promesas, para que dé una sesión a algunos de sus amigos más cercanos y, como máximo cuando el médium sea una mujer, se desnudará completamente para asegurarse de no llevar ningún medio consigo para engañar a investigadores sencillos y confiados.

Satisfecho con esto, atará al médium con cuerdas, lo encadenará a la puerta o a la pared y luego esperará que se produzcan las manifestaciones espíritas.

La sangre me hierve en las venas cuando oigo hablar de médiums sensibles, a menudo niñas o mujeres jóvenes, sometidas a los más duros tratos e insultos por parte de estos experimentadores con poca comprensión. Ante la mera aparición de algo dudoso, se apresuran a denunciar al desafortunado culpable y difunden las malas noticias por todas partes, alardeando de su capacidad como descubridores.

Por lo poco que sé sobre las condiciones necesarias para obtener buenas manifestaciones, no puedo evitar el asombro de ver el éxito que a veces se obtiene en tales experimentos. Cuando los materiales proporcionados por los investigadores se componen principalmente de dudas, sospechas e intrigas, aderezadas, en muchos casos, con el aliento nocivo del alcohol y la nicotina, no tenemos por qué sorprendernos que los resultados obtenidos desacrediten las verdades que afirman defender y arruinar al médium, que es naturalmente el chivo expiatorio, la víctima sobre la que recae todo el escándalo.

Escuché que algunos buenos médiums dejaron de trabajar por la causa; eso no me sorprende. Muchos de ellos han sufrido tanto a manos de los ignorantes, con pretensiones de tener el título de sagaces experimentadores, que abandonaron la tarea con el corazón herido y desanimado, mortalmente cansados de todas estas preguntas e incluso escuchar sobre la verdad por la cual habían sacrificado lo mejor que tenían, tiempo, salud y reputación.

Gracias a Dios; sin embargo, la mediumnidad también tiene su lado bueno. Hay corazones buenos y rectos, a los que los investigadores, una especie de espías, miran con compasivo desprecio; hay, en sus pensamientos y en sus acciones, personas honestas que no quieren degradarse ni desmoralizar a sus vecinos, poniendo en duda su rectitud; que prefieren creer que todo ser humano es inocente, antes que se demuestre que es un criminal. La percepción innata del misterioso poder que dirige las leyes del Universo confiere a estas criaturas, en sus indagaciones, un punto de observación que otros no pueden alcanzar, ni siquiera con la ayuda de todas las ciencias terrenas. Los sabios pueden llegar a creer en la existencia del Más Allá, mientras que las criaturas antes mencionadas saben que existe.

Es posible que tales espíritus no hayan cultivado los clásicos, tal vez no sepan griego o latín, pero se parecen a investigadores sabios tanto como una alondra se parece a un topo. Mientras que el topo no tiene otra ocupación que excavar la tierra, de la que obtiene su subsistencia, y formar pequeños terrones, ciega a todo lo que la rodea, la alondra, aunque construye su nido en el suelo, puede, gracias a sus alas, rápidamente, se lanzan a la atmósfera transparente y soleada, lanzando un alegre himno de reconocimiento. A aquellos que se parecen a estos últimos se les dirigieron las siguientes palabras: "¡Bienaventurados los corazones puros, porque ellos verán a Dios!" Solo aquellos que sean puros de alma y cuerpo, y deseen sinceramente aclararse, podrán encontrar la verdad. El hombre cuyo espíritu está atado a las ataduras de sus apetitos, cuyo cerebro se vuelve pesado por el veneno de la nicotina o los vapores del vino, nunca será llamado a comunicarse con los habitantes del mundo invisible. Aquel que al principio está impulsado por el deseo de albergar alguna idea favorita, algún sueño vago, por el deseo de constituir una teoría y aumentar su reputación como científico o inventor, no está mejor preparado para tal trabajo. A menos que se deje llevar por una razón mejor y más pura que las que acabo de indicar, no es aconsejable que lo dejen involucrarse en experiencias espíritas, porque se estrellará. El que no busca más que descubrir el fraude en los demás, traicionando así su propia complicidad, encontrará lo que busca: mentiras y engaños, porque nunca descubrirá la verdad.

A todos ustedes, en cambio, que están cansados de la vida, de sus incesantes cuidados, de sus amarguras y sufrimientos; a ti, cuya alma anhela certeza, que viste partir a seres queridos, dejando dolor y desesperación en sus corazones, que tienes un deseo sincero de obtener pruebas de supervivencia; a ti me dirijo. Purifica tu espíritu de todo prejuicio, tu cerebro de todo veneno, tu cuerpo de las impurezas causadas por las enfermedades, hijas de tus apetitos, y busca confiadamente la verdad, porque encontrarás lo que buscas.

El suelo que vas a pisar es sagrado; no lo contamines con tus pies manchados con el cieno de la sospecha; no consideres indigno de confianza el instrumento con cuya ayuda llegarás a su fin. ¡Vengan! Pero con el sincero deseo de instruirse, y no contando con las faltas y errores del prójimo. Busquen humildemente la verdad, porque no será en vano; pero, si no aspiran a encontrar esta verdad en el recuerdo y con el serio deseo de ser ayudados, no pierdan inútilmente el tiempo en esta investigación.

"Cuando dos o tres personas se reúnan en mi nombre, yo estaré con ellas", dijo el Maestro. Lo mismo se aplica a los temas que abordamos. Cuando se reúne mucha gente, dispuesta a estudiar seriamente; cuando ningún elemento de duda o sospecha entre en el círculo, y cuando todos, el médium y los asistentes, estén animados por el mismo deseo de verdad, las manifestaciones serán mejores y más puras que en los viejos tiempos de jaulas, gabinetes, pruebas, etc., que muchas veces resultó en decepción.

Ya he hablado mucho de equivocaciones, errores, fracasos, enfermedades y miserias de todo tipo, resultado de muchas experiencias. Al arrojar estas sombras oscuras sobre mi historia, cuando tuve a mi disposición tantos episodios felices, mi intención era mostrar que todas estas desgracias son lecciones más preciosas que éxitos brillantes.

Hace solo unos años sufrí una enfermedad realmente grave que todavía no he superado. Este accidente ocurrió en Helsingfors, en 1893, y fue la causa que mi cabello se decolorara prematuramente durante los dos años de sufrimiento que derivó; pero cuando mi salud se recuperó, se pusieron casi tan negros como antes. Una descripción completa de esta memorable sesión está en posesión del editor Oswald Mutze, en Leipzig, con el título *Ein seltsames und belehrendes Phanomen im Gebiete der Materialisation* von Alexander N. Aksakof.

Esta obra fue traducida al francés con el título: *Un cas de dématérialisation partielle du corps d'un médium.*[7]

Queridos lectores, he querido confiar en ustedes y presentaros los resultados de mis investigaciones. Simplemente les narré las inquietudes de mi infancia y juventud ante las misteriosas apariciones de personajes del mundo de las sombras y les conté cómo se disipó la niebla de la duda, cuando creí comprender la realidad de mis visiones.

Después de varias experiencias, vinieron terribles y graves perturbaciones que, en tres circunstancias, mi vida parecía pender de un solo hilo.

Les conté lo que, en muchos casos, otras personas escribieron y publicaron sobre estos fenómenos, historias de las que no asumo total responsabilidad. Los usé con la esperanza que se comprendieran mejor mis experiencias, así como las dificultades que tuve que afrontar al seguir la nueva Doctrina. Intenté hacerte penetrar en mis pensamientos, sentimientos e impresiones de aquella época. Si pudiera omitir la descripción de alguno de estos fenómenos, es posible que lo hubiera hecho; sin embargo, si no los hubiera recordado completamente, mis dudas y perplejidades te resultarían incomprensibles.

Se han escrito muchas cosas, muchas por cierto, sobre el tema, que podrían hacer que caiga en descrédito. Mi intención principal no era denunciar fenómenos, sino dar a conocer los resultados personales que obtenía de ellos en busca de la verdad.

Siempre he usado la palabra médium en el sentido habitual, en el que generalmente se usa, y de tal manera que ustedes podrían seguirme fácilmente. Ahora; sin embargo, renuncio al derecho a ese

---

[7] La citada obra de Aksakof fue traducida al portugués con el título *Um caso de dematerialização*, por la editorial FEB.

título. Si me han seguido fielmente, queridos lectores, creo que han llegado a la misma conclusión que yo.

Si observan cómo las manifestaciones, en todas las circunstancias, estaban de acuerdo con el carácter de los asistentes, reconocerán que todos eran médiums, entre los cuales yo también desempeñaba mi papel. Cuando el círculo estaba formado por niños, las manifestaciones adquirían un carácter infantil; cuando hubo sabios, las manifestaciones fueron de carácter científico. Cuando, finalmente, dejé de lado esta vieja idea de médium y mediumnidad y decidí no aislarme más del resto de la sociedad, ni privarme del uso de mis sentidos, ocupé el lugar que debería haber ocupado desde el principio. Incluso cuando tomábamos fotografías, movíamos constantemente de lugar, no teníamos un médium ni una oficina; todos éramos el médium.

En un círculo de veinte personas, por ejemplo, es absurdo atribuir a una sola persona las manifestaciones producidas también por las otras diecinueve. Si el fenómeno depende de veinte personas, ¿es justo culpar o elogiar a una sola persona por lo que hicieron todos?

Mientras uno de los miembros del círculo permanezca aislado de los demás, solo será responsable de las incidencias que se produzcan, no teniendo los demás más papel que el de observar y criticar.

Lo que critico seriamente es haber sido "el médium", cuando en la reunión había otras once o diecinueve personas. Es justo que me atribuyan la duodécima o la vigésima parte de los resultados obtenidos, y nada más; a menos que alguno de los otros asistentes no ejerciera una influencia desfavorable. En este caso, la responsabilidad de los hechos no puede recaer en mí.

Si estas conclusiones, resultado de muchos años de estudio y amargas experiencias, son aceptadas y seguidas en el futuro por investigadores y experimentadores, nos consideraremos felices por resaltar lo mejor. Quienes reanuden el trabajo donde yo lo dejé podrán encontrar caminos más llanos y seguros que los que yo seguí. ¡Aun queda mucho por aprender, buscar y comprender! Incluso haciendo lo mejor que podemos, solo vemos a través de un cristal opaco y solo avanzamos a tientas en la oscuridad. Sin embargo, si nos dejamos guiar por los rayos que brillan a través de las sombras, llegaremos a la luz pura y entonces sabremos lo que realmente somos.

Mi tarea ya ha terminado. Los que me siguen pueden sufrir como yo sufrí, por ignorancia de las leyes divinas. Como el mundo de hoy es más sabio que en mi época, aquellos que emprenden la obra tal vez no tengan que luchar, como yo, contra la superstición y los duros juicios de los fariseos.

Sin embargo, no les deseo un camino muy llano, porque me parece, mirando al pasado, que veo infantiles las numerosas preocupaciones que me acompañaron en estos trabajos. No me arrepiento de ellos. Fueron los severos censores que me despertaron cuando me desvié del buen camino y también fueron mis mejores amigos, aunque entonces no lo sospechaba.

Ahora que por fin he encontrado lo que estuve buscando durante tantos años, años de estudios ingratos, una mezcla de Sol y tormentas, de placeres y sufrimiento, puedo gritar fuerte y con alegría a todo aquel que quiera escucharme:

"¡Encontré la Verdad! Será también su gran recompensa, si la buscan con perseverancia, humildad y seriedad."

✳ ✳ ✳

Nota del editor: muchos otros hechos maravillosos, verificados con la autora y relatados por observadores de impecable integridad moral, no fueron mencionados por ella en este trabajo.

Entre ellos, merece mención el famoso y sonado caso de "Nepenthés", que Bozzano trató en su *Metapsíquica humana.*"

La obra mencionada es una refutación de Ernesto Bozzano a las teorías materialistas de René Sudre, y su nombre completo, traducido es: "*A Propósito de la Introducción de la Metafísica Humana*" de René Sudre. Este trabajo fue publicado en portugués con el título *Metapsíquica Humana*, por la editorial FEB.

Fin

Grandes Éxitos de Zibia Gasparetto

Con más de 20 millones de títulos vendidos, la autora ha contribuido para el fortalecimiento de la literatura espiritualista en el mercado editorial y para la popularización de la espiritualidad. Conozca más éxitos de la escritora.

Romances Dictados por el Espíritu Lucius

La Fuerza de la Vida

La Verdad de cada uno

La vida sabe lo que hace

Ella confió en la vida

Entre el Amor y la Guerra

Esmeralda

Espinas del Tiempo

Lazos Eternos

Nada es por Casualidad

Nadie es de Nadie

El Abogado de Dios

El Mañana a Dios pertenece

El Amor Venció

Encuentro Inesperado

Al borde del destino

El Astuto

El Morro de las Ilusiones

¿Dónde está Teresa?

Por las puertas del Corazón

Cuando la Vida escoge

Cuando llega la Hora

Cuando es necesario volver
Abriéndose para la Vida
Sin miedo de vivir
Solo el amor lo consigue
Todos Somos Inocentes
Todo tiene su precio
Todo valió la pena
Un amor de verdad
Venciendo el pasado

Otros éxitos de Andrés Luiz Ruiz y Lucius

Trilogía El Amor Jamás te Olvida
La Fuerza de la Bondad
Bajo las Manos de la Misericordia
Despidiéndose de la Tierra
Al Final de la Última Hora
Esculpiendo su Destino
Hay Flores sobre las Piedras
Los Peñascos son de Arena

Otros éxitos de Gilvanize Balbino Pereira

Linternas del Tiempo

Los Ángeles de Jade

El Horizonte de las Alondras

Cetros Partidos

Lágrimas del Sol

Salmos de Redención

El Hombre que había vivido demasiado

Libros de Eliana Machado Coelho y Schellida

Corazones sin Destino

El Brillo de la Verdad

El Derecho de Ser Feliz

El Retorno

En el Silencio de las Pasiones

Fuerza para Recomenzar

La Certeza de la Victoria

La Conquista de la Paz

Lecciones que la Vida Ofrece

Más Fuerte que Nunca

Sin Reglas para Amar

Un Diario en el Tiempo

Un Motivo para Vivir

¡Eliana Machado Coelho y Schellida, Romances que cautivan, enseñan, conmueven y pueden cambiar tu vida!

Romances de Arandi Gomes Texeira y el Conde J.W. Rochester

El Condado de Lancaster

El Poder del Amor

El Proceso

La Pulsera de Cleopatra

La Reencarnación de una Reina

Ustedes son dioses

Libros de Marcelo Cezar y Marco Aurelio

El Amor es para los Fuertes

La Última Oportunidad

Nada es como Parece

Para Siempre Conmigo

Solo Dios lo Sabe

Tú haces el Mañana

Un Soplo de Ternura

Libros de Vera Kryzhanovskaia y JW Rochester

La Venganza del Judío

La Monja de los Casamientos

La Hija del Hechicero

La Flor del Pantano

La Ira Divina

La Leyenda del Castillo de Montignoso

La Muerte del Planeta

La Noche de San Bartolomé

La Venganza del Judío

Bienaventurados los pobres de espíritu

Cobra Capela

Dolores

Trilogía del Reino de las Sombras

De los Cielos a la Tierra

Episodios de la Vida de Tiberius

Hechizo Infernal

Herculanum

En la Frontera

Naema, la Bruja

En el Castillo de Escocia (Trilogía 2)

Nueva Era

El Elixir de la larga vida

El Faraón Mernephtah

Los Legisladores

Los Magos

El Terrible Fantasma

El Paraíso sin Adán

Romance de una Reina

Luminarias Checas

Narraciones Ocultas

La Monja de los Casamientos

Libros de Elisa Masselli

Siempre existe una razón

Nada queda sin respuesta

La vida está hecha de decisiones

La Misión de cada uno

Es necesario algo más

El Pasado no importa

El Destino en sus manos

Dios estaba con él

Cuando el pasado no pasa

Apenas comenzando

Libros de Vera Lúcia Marinzeck de Carvalho
y Patricia

Violetas en la Ventana

Viviendo en el Mundo de los Espíritus

La Casa del Escritor

El Vuelo de la Gaviota

Vera Lúcia Marinzeck de Carvalho
y Antonio Carlos

Amad a los Enemigos

Esclavo Bernardino

la Roca de los Amantes

Rosa, la tercera víctima fatal

Cautivos y Libertos

Deficiente Mental

Aquellos que Aman

Cabocla

El Ateo

El Difícil camino de las drogas

En Misión de Socorro

La Casa del Acantilado

La Gruta de las Orquídeas

La Última Cena

Morí, ¿y ahora?

Las Flores de María

Nuevamente Juntos

Libros de Mônica de Castro y Leonel

A Pesar de Todo

Con el Amor no se Juega

De Frente con la Verdad

De Todo mi Ser

Deseo

El Precio de Ser Diferente

Gemelas

Giselle, La Amante del Inquisidor

Greta

Hasta que la Vida los Separe

Impulsos del Corazón

Jurema de la Selva

La Actriz

La Fuerza del Destino

Recuerdos que el Viento Trae

Secretos del Alma

Sintiendo en la Propia Piel

World Spiritist Institute

www.ingramcontent.com/pod-product-compliance
Lightning Source LLC
LaVergne TN
LVHW041758060526
838201LV00046B/1041